弁護士実務入門シリーズ

初めて交通事故を手がける弁護士の皆様へ

# 「交通事故」実務入門

弁護士 羽成 守 編著

司法協会

# は し が き

　司法協会から，特に若手弁護士を対象に，司法研修所では十分には学べない分野の弁護士実務について，『指南書』となるような入門書を執筆してほしいとの依頼を受け，本書を執筆することとなった。

　弁護士費用特約付き自動車保険の増加に伴い，交通事故案件について，弁護士が受任する事例が急増しており，若手弁護士が担当することも多くなってきている。交通事故案件では，相手方はもとより損保会社，医療機関等との交渉も複雑で，解決に苦慮する場面も少なくない。

　本書では，交通事故案件を多数手がけてきた熟達の弁護士達が執筆に参加し，初めて交通事故の弁護実務を担当する若手弁護士にも読みやすいよう，順を追って，「相談を受けたら」（Ⅰ章）まず行わなければならないことから，複雑な保険の仕組を説明する。そして，「損保会社との交渉」（Ⅱ章），「損害の積算」（Ⅲ章），「損害賠償請求」（Ⅳ章）に至るまでの具体的な弁護士実務について，分かり易く解説するとともに，増加してきている「自転車事故の特性」（Ⅴ章）や，「法的手続」（Ⅵ章），「刑事・行政処分」についても更に別章を設けて，詳細に，かつ，分かり易く解説することとした。

　交通事故はこれ一冊で間に合うはず，と自負している。

　類書には記載されていない『弁護士実務の隠れたノウハウ』も習得できる貴重な１冊となった。

　ぜひ，弁護士実務の参考にしていただきたい。

　令和3年3月

　　　　　　　　　ひびき綜合法律事務所　弁護士　羽　成　　　守

# ■ 目　　次 ■

## Ⅶ章　刑事・行政処分

# 参 考 文 献, 凡 例

**【参考文献】**

「民事交通事故訴訟・損害賠償額算定基準」（通称「赤い本」）

　　（日弁連交通事故相談センター　東京支部編，2020年）

「交通事故損害額算定基準」（通称「青本」）

　　（日弁連交通事故相談センター　本部編，2020年）

「自動車保険の概況」2019年版

　　（損害保険料率算出機構，2020年）。

「労災補償障害認定必携」第17版

　　（労災サポートセンター，2020年）

「注解交通損害賠償算定基準—実務上の争点と理論（上)」

　　（損害賠償算定基準研究会，2002年）

「賃金センサス」令和2年版

　　（労働法令，2020年）

「民事交通訴訟における過失相殺率の認定基準」全訂5版

　　（東京地裁民事交通訴訟研究会編，別冊判例タイムズNo.38）

「自転車同士の事故の過失相殺基準（第一次試案)」

　　（2014年度以降の「赤い本」下巻に公表）

「犯罪白書」令和2年版

　　（法務省，2020年公表）

「交通安全白書」令和2年版

　　（内閣府，2020年公表）

【凡例】

1 法令名の略語
- ・自賠法　　　　　　自動車損害賠償保障法
- ・自賠法施行令　　　自動車損害賠償保障法施行令
- ・道交法　　　　　　道路交通法
- ・道交法施行令　　　道路交通法施行令
- ・民調法　　　　　　民事調停法
- ・民調規則　　　　　民事調停規則
- ・民訴法　　　　　　民事訴訟法
- ・民執法　　　　　　民事執行法
- ・民訴費用法　　　　民事訴訟費用等に関する法律
- ・自動車運転処罰法　自動車の運転により人を死傷させる行為等の処罰に関する法律
- ・行審法　　　　　　行政不服審査法
- ・行訴法　　　　　　行政事件訴訟法

2 判例集の略語
- ・民集　　　　　　　最高裁判所民事判例集
- ・集民　　　　　　　最高裁判所裁判集民事
- ・判時　　　　　　　判例時報
- ・判タ　　　　　　　判例タイムズ
- ・交民　　　　　　　交通事故民事裁判例集
- ・自保ジ　　　　　　自保ジャーナル

# 相談を受けたら

# 第1　事故状況の把握

## 1　被害者本人からの聞き取り

### (1) 混乱する被害者

交通事故の被害者から相談を受けるときに特に気をつけなければいけないことがある。

それは，多くの被害者にとって，交通事故は一生に一度遭遇するかしないかという重大な事件であるということである。

幸いに怪我や損害が軽度なものであっても，どのように対応したらよいかわからず，最初から事故処理のプロともいうべき加害者側の担当者（事故係）や損害保険会社（損保会社）が相手になるときは，「こちらが被害者なのに，加害者の言い分ばかり強く押し付けてくる。」といった不安，怒りで夜も眠れないという被害者がほとんどである。

その上，もし家族が重傷を負い治療を受けていたり，不幸にして死亡したようなとき，被害者家族の困惑，心痛は大きい。

治療費支払いはどうする，葬儀の準備はどうするといったほかに，加害者の見舞いや謝罪をどう受けたらよいか，警察との対応をどのようにしたらよいか，被害者が一家の支柱の場合，当面の生活費をどうしたらよいか等々，被害者側の混乱は極に達する。

その時点で相談を受けた弁護士の第一の仕事は，今後についての大きな方針を示してあげることである。

事故後，入院しているときは，まず治療に専念させることが第一で，当事者には「損害賠償は，後でしっかり請求してあげるから，今は治療に専念すること。」と伝え，加害者側の損保会社，あるいは被害者側の人身傷害補償保険（人傷保険）があれば人傷保険会社と連絡をとって，治療費の一括払い手続等を依頼してあげることである。

また，死亡事故の場合は，葬儀に専念してもらい，いわゆる「七七

忌（49日）」や「50日祭」が終わるまでは，故人を偲ぶことに専念してもらい，示談はその後に進めることを説明し，損害賠償に関する道筋を説明し，安心させてあげることが肝要である。

　弁護士としては，その間に，事故証明書の取付け，診断書，死亡診断書，死体検案書，戸籍関係書類による請求権者の確定の準備などを行う。

　被害者が入院しているときは，家族にノートを準備してもらい，日記のように，一日毎の症状，医師と話した内容，付添人の氏名，交通手段，また見舞客の氏名，入院に際して必要な購入品のレシート，その他何でもよいから，その日の記録をとっておいてもらうよう依頼することが有効である。入院中のことを後で思い返すのに役立ち，付添看護の必要性や諸雑費を損害として請求するときの証拠になることもある。

## (2) 被害の状況

　被害者本人あるいはその家族から相談された場合，確認しなければならないのは被害の状況である。

　死亡事故なのか，入院中なのか，自宅で静養し通院しているのか，あるいは物損なのか，その態様によってとるべき内容は変わってくる。

　死亡事故の場合，まずは葬儀を無事に済ますよう，事故に関することは後で対応してあげるとして，取り敢えず放念させることがよい。

　問題は入院中の場合である。治療費支払いをどうしているか，相手側の損保会社が支払ってくれているならひとまずは心配ないが，支払ってくれていないときは，直ちに相手側損保会社に「一括払い」（Ⅱ章第2-2）を依頼し，もし応じないときは，被害者側が加入している損保会社に連絡し，人身傷害補償保険（Ⅱ章第2-1(5)）による支払いを求める。

　加害者側，被害者側いずれの損害保険も使えない，あるいは加入していないなどの場合は，被害者側の無保険車傷害保険や傷害保険など，

使用できる保険を速やかに調べなければならない。

　もし，損害保険が使用できず，自費で治療しなくてはならない場合は，健康保険診療とならざるを得ないので，自己負担金の準備の必要性を被害者に説明しなくてはならない。

　このことは，被害者が通院しているときも同様である。

　さらに，職業をもっている者が被害者になった場合，休業，休職の必要性，日数等についても証明が必要となる。

　このような概括的な説明と手当をした上で具体的な事故状況の確認に入ることになる。

　事故状況は，後日，損害賠償請求のとき，被害者側にも過失があるとして，過失相殺を主張されるのがふつうであるから，事故直後で記憶が新しいとき，また事故現場の状況が時間の経過によって変化しても当時の記録を残すために，具体的に聴取しなければならない。

　事情を聞くには5W1H（Who，When，Where，What，Why，How）を落とさず聞くことである。

## (3) 5W，1Hの確認

　すべての相談の基礎が事故状況の再現である。損害賠償請求権の適用法律（自賠法か，民法か），加害者の特定および有責性の有無，被害者に落ち度はないか，被害額の見通し等々の判断根拠となるものである。

　ただ，加害者からの事情聴取と異なり，被害者からの事情聴取は，必ずしも十分にできるとは限らない。たとえば，被害者が死亡したときは事故状況の聴取は不可能であり，負傷の場合でも，治療中で本人や周囲が混乱していたり，何故事故に遭ったのかがわからないことも多い。それらの制約の中で，可能な限りの調査が必要となる。

### ア　Who

　Who（誰が）は，当事者の確認である。

　被害者の確認をし，相談に来ている人が誰かも重要である。親族

であっても損害賠償請求権者でない人の場合もあり，また，弁護士でない者が同行してくることもあるので注意を要する。

　被害者側として最も重要なのは，加害者側の運行供用者が誰か，という点である。

　事故を起こした運転者は容易に特定できるが，事故当時の自動車が何の目的で運行されていたのか，自動車の外形に会社の名前等が表示されていたのか等を確認することにより，運行供用者が判明することがある。業務中の事故であれば，おそらく資力の乏しいであろう運転者個人よりも，その業務を命じた会社（法人あるいは団体等）の方が資力があるから，そちらを自賠法3条の運行供用者として損害賠償請求の相手方とすることになる。

　また，Whoには，加害者側の損保会社がどこか，も入る。事故後の急な出費や必要な金員（たとえば葬儀費用や入院費など）の支出を求めるためにも，損保会社およびその担当者の連絡先などを確認する必要がある。

### イ　When

　When（いつ）は，事故発生日時が重要であるが，損害賠償額を算定する上で重要なこともある。

　まず，事故発生日時であるが，事故発生日は，損害賠償請求権の発生日であり，消滅時効の起算日ともなる。

　事故後，長時間経過しての相談の場合，まずこの点に留意する必要がある。時効が迫っていれば，時効の完成猶予手続（民法150条）をとらなければならない。事故による損害賠償請求であることを明示し，その内金請求であるとして，取り敢えず一定額を請求すればよい。ただ，さらに6ヵ月以内に裁判上の請求等が必要となる（民法147条）。

　また，被害者が，事故後すぐに医療機関に行かず，数日経過してからの通院（初診）の場合，事故との相当因果関係を争われることもあり，数日間の過ごし方なども聞きとらねばならない。

　受傷と事故との因果関係に問題がなくとも，通院の頻度（週に何回か），密度（何日おきか），あるいは症状固定時期なども，休業損害や慰謝料，あるいは逸失利益の算定に必要なWhenといえる。

**ウ　Where**

　Where（どこで）は，事故発生現場はもとより，被害者の事故時の住所，損害賠償請求権者の住所等である。

　事故発生現場については，道路状況，地形，交通規制等のほか，できれば事故日と条件が近い日の現場の状況等を調べることをお勧めする。

　たとえば，12月の第3週の15日（金曜日）に事故が発生した場合，一年後の12月15日は金曜日でないから，それに代わる年末の第3週の，いわゆる「ゴトウ（5，10）日」の金曜日という条件の合った日時，無理なら各月の同条件に近い日時の事故現場の交通状況を調べることである。たとえば，前方はよく見えたはず，あるいはこの交通量で飛び出しは無理，といった主張も自信をもって言えることとなる。

　とにかく，現場へ足を運んでみることである。

　また，Whereとして，当事者の住所を調べることが必要である。

　これは，損害賠償請求訴訟の裁判管轄を定める上で重要となる。

　民訴法では，損害賠償の裁判所の管轄を，①不法行為発生地，②加害者（賠償義務者）の住所，③被害者（義務履行地）の住所と定めているから（4条，5条），被害者側にとって最も都合のよい裁判所に訴訟を提起することができる。

**エ　What**

　What（何を）は，事故状況，損害の状況などである。

　相談者からの事情聴取は，これが中心となる。

　具体的な事故状況を確認するには，現場で動画を撮影していると仮定してみると，確認漏れが少なくなる。

　事故発生時の天候，明るさ，車や歩行者の動き，事故現場へ向か

う加害車と被害車の形状・方向・速度，同乗者の有無，信号や交通標識の位置・状況，衝突の形態，事故後の両車両の位置，当事者の行動などを逐一確認することである。

その後，被害者の損害の調査になるが，これは日弁連交通事故相談センター東京支部発行の「民事交通事故訴訟・損害賠償額算定基準（通称赤い本）」の損害項目に従って，漏れのないように確認する。もちろん，損害を立証するための証拠，たとえば診断書，後遺障害診断書，診療報酬明細書（レセプト），休業損害証明書，通院交通費明細書などが必要である。これらの書式は，損保会社の営業所，サービスセンターなどの窓口で，「自動車損害賠償責任保険（自賠責保険）の請求書類一式を下さい。」と言えば，誰でも無料でもらえる。これを被害者に取り付けてもらえばよい。

**オ　Why**

Why（なぜ）は，How（どのように）と合わせて事故原因とともに相手の主張がどのようなものであるかの確認である。

事故がなぜ起きたのか，どちらに過失があったのか，相手の主張はどのようなもので，その理由は何か，といったことを確認することで，今後の事件処理の方向や方針が定まることとなる。

被害者にも過失があるときは，過失割合ないし過失相殺をどの程度主張するかを検討しなければならない。その上で，過失が大きく，7割以上あると見込まれるときは，まず自賠責保険に請求し，減額制度を使うことも考えなければならない。

減額制度というのは，自賠責保険では被害者保護の観点から，被害者の過失が7割以上あるときは保険金の2割を減額し，8割以上の場合は3割，9割以上の場合は5割を減額するというものである。

たとえば，被害者が信号無視をして青信号で進行した加害車と衝突し，重度の障害を負い，総額4000万円の損害を受けたケースで，通常，信号無視の過失は8割とされているから，4000万円の2割である800万円しか加害者に請求できないこととなる。

　しかし，これを自賠責保険に直接請求すれば，被害者が８割の過失の場合，保険金額の３割の減額ということになり，自賠責保険金額3000万円のうち７割分の2100万円が支払われることとなる。

　したがって，このようなケースでは，自賠責保険金を受領し，加害者あるいは任意保険には請求しない方がよいということになる。

　相談の初期段階でこのようなことを見極めて，相談者に適確な指導をすることが大切である。

## (4) 交通事故証明書の取り付け

　自賠法３条は，交通事故損害賠償請求に際しては，加害者側が自己に責任のないことを立証する必要があるので，民法709条の不法行為責任の場合の，被害者側に立証責任があることが転換される。

　そこで，被害者としては，事故が自動車によるものであり，相手が運行供用者であること，および損害と事故との間に相当因果関係があることを立証すればよい。

　そこで，自動車による事故であること，また相手が一次的に運行供用者であることについての最も簡便かつ重要な証拠が交通事故証明書である。

　交通事故証明書は，各都道府県の自動車安全運転センターで発行される。ただし，証明される事故は，交通事故発生の際，警察署へ事故発生を報告したものに限られる。

　申込用の郵便振替用紙を各警察署窓口でもらうか，ネットによる申請もでき，料金600円を郵便振替で送金すれば，後日，申請者へ郵送される。

　請求することができる者は，事故発生当事者に加え，利害関係人（損保会社や損害賠償請求権者等）である。

　交通事故証明書は，事故発生日時，場所，当事者の住所，氏名，自賠責保険番号，事故態様（概略）等が記載されており，被害者はこれのみで，事故発生の立証とすることができる。

　上記のように，被害者自ら，あるいは弁護士が代理人として請求する方法のほか，事故後，多少の時間が経過し，損保会社が介入しているときなどは，その損保会社に連絡してコピーを送ってもらえばよい。加害者側の損保会社としても，事故証明書があれば，事故の発生そのものを争うことはないから，被害者としてコピーをもらっておけば十分である。

　なお，交通事故証明書は単なる事故発生の証明ではあるが，通常，甲欄には責任の大きい者（加害者），乙欄には責任の小さい者（被害者）を記載するとされている。しかし，責任の大きさは，後の捜査により，あるいは弁護人ないし代理人弁護士の努力により明らかになることであり，交通事故証明書の記載は警察の認識を示すもの程度に考えておき，もし，甲欄に依頼者の記載がなされている場合は，特に留意して被害者であることの立証に努めなければならない。

## 2　加害者本人からの聞き取り

### (1) 5W，1Hの確認

　加害者本人から相談された場合，何よりも重要なのが，事故状況の再現である。ここで，できる限り事故時発生の状況を理解しておかないと，後日，事実確認のために，本人に何度も電話をして尋ねたり，時には，何度も事務所に来てもらい，直接に話を聞かなくてはならないことになる。

　このようなことは，事件処理が遅くなるばかりでなく，「あの先生，わかってくれているのかな？」という不安や不信を依頼者にもたせることにもなり，十分に心しなければならない。

　直接，話を聞くときには，当事者に現在持っている資料，書類，時には現場の写真や車両の損傷部位の写真などを持ってきてもらうのが良い。「手元にあるものだけでよいですから，持ってきて下さい。」と言うだけで，かなり役立つことがある。事情を聞くには5W1Hを聞くことが必要である。

### ア　Who

Who（誰が）は，当事者の確認であり，その際，車の所有者や車の外観（表示してある会社名や商品名など）の確認もしなければならない。外観が保有者や運行供用者（Ⅱ章第1-1(4)，(6)）が誰であるかを特定できることがある。

### イ　When

When（いつ）は，事故発生時が，早朝，深夜，ラッシュ時などで交通状況も変わることがあり，事故発生原因にも影響することがある。

歩行者の横断中の事故などの場合，反対車線の混み具合なども事故原因と考えられることもあり，時刻，曜日，休日か否か等，また，天候なども特定しておく必要がある。

さらに，事故日時の特定は，時効や遅延損害金の計算に不可欠である。特に，事故後，数年経過してからの請求の場合，時効主張も視野に入れなければならない。

### ウ　Where

Where（どこで）は，裁判管轄の問題や住宅街，商店街等により過失割合や過失相殺率が異なってくるので，これも忘れてはならない。

留意すべきは，事故発生地点だけでなく，その地点に至るまでの道路状況（車線数，幅員，直線か曲線か，傾斜，信号，交差点数，外灯の数，明るさ，沿道の建物，その他）を知っておく必要がある。

### エ　What

What（何を）は，事故状況と損害のことであり，物損か人損か，その損害の程度，現在の状況（修理中，通院中，症状固定など）を把握しなければならない。

### オ　Why

Why（なぜ）は，How（どのように）とあわせて事故原因のことである。できる限り全体像を把握することが必要であり，当事者

から詳細に状況を聞き出さなければならない。「ビデオを見ているように，事故の起こる少し前のところから話して下さい。」というような聞き出し方が有効である。

　このことによって，事故の責任や過失割合等について，大体の予測ができ，事件解決の方針を立てることができる。

### カ　当事者の本心

　ただ，当事者，特に加害者は被害が大きいものであるようなときは，時として事故状況を具体的に話し，「自分が悪い。」というようなことがあるが，このように話すときは，大体，事故現場において，警察官から言われたことをそのまま話していることも多く，当事者の本心としては納得していないこともある。

　このようなとき，「あなたは，本当にその説明で納得しているのですか？」と確認すると，「いや，私は，相手も悪いと思うんですがねえ。」と返ってくることもあり，弁護士としては，白紙の状況で，前述のWhere，Whatなどをもとにして当事者の真意を引き出すことが大切である。

## (2) 刑事処分の確認，対応

　相談に来た時点で既に刑事処分が定まっているかどうかを確認する。

　すでに刑事処分がなされ，罰金刑を納付済みであったり，執行猶予判決を受け終わり，確定してしまった場合は，その事実を前提として損害賠償請求に対応することになる。

　したがって，有罪が確定している場合は，そこから無責を主張するのはほとんど不可能であり，過失相殺あるいは過失割合の主張に切り替えることを考えなければならない。

　次に刑事事件がまだ終了していないときには，刑事事件において，自らの思い，考えを素直に供述させるアドバイスも重要である。民事訴訟の場合，ほとんどのケースで刑事事件記録が証拠として提出されるから，責任の有無，過失割合などを争うことが予想されるときは，

刑事事件に関するアドバイスはもとより，場合によっては刑事弁護人として受任することもあるので，当事者の信頼を得ることが重要である。

　ただし，刑事事件の弁護士費用は，任意保険の「弁護士費用特約」（Ⅳ章第3-4）には含まれていないから，当事者の負担となる。しかし，自分だけが悪いとされていることに納得していない当事者としては，事故のことを深く理解してくれている弁護士に，せっかくなら刑事弁護も依頼しようと考えるのもよくあることである。損保会社と相談して，たとえば事故状況や被害者の後遺症に関する鑑定費用などについては，将来の民事訴訟に備え，一部ないし全部を負担してもらうよう交渉することも考えるべきである。

　弁護士への信頼を増すことになる。

## (3) 保険の内容調査

　加害者となった場合，適用される保険の調査は必須である。

　どのような内容か，特に保険金額の限度（アマウント）はいくらか，等を確認の上，損保会社の担当者と打合せをし，治療費あるいは修理費等の一括払いないし内払いを依頼することである。

　速やかな対応は，被害者の怒り，不安を鎮めることともなり，今後の交渉が円滑に進むことになる。

## (4) 加害者自身の被害の確認

　交通事故の場合，加害者自身も負傷することがある。加害者側の一方的過失ならばともかく，被害者側にも何らかの過失が認められることがあるから，加害者自身の被害についても確認が必要である。

　ただ，加害者側の過失が大きいときは，加害者の被害，たとえば傷害は，加害者の人身傷害補償保険を使ったりして，被害者側に当初は請求しない方が無難である。

　いずれ損害賠償の最終局面で双方の損害の調整を行えばよいので，

被害者の被害が大きいような場合，相手に感情的な怒りを持たせないよう配慮すべきである。そうしないと被害感情が強くなり，刑事処分で不利益になることもある。

　ただ，加害者にはこのことを丁寧に説明し，不信感を持たれないよう注意しなければならない。

（Ⅰ章第1／弁護士　羽成　守）

## 第2　被害の調査（主に被害者からの相談を前提に）

### 1　治療中

　交通事故の被害者から相談を受けるにあたっては，何より被害者本人から十分に時間をかけて話を聞くことが重要である。事故発生状況はもとより，被害状況や治療状況についてもできるだけ正確に聞き取り，把握をしなければならない。

　もっとも，多くの被害者は医学的知識に乏しく，事故による精神的ショックのために，自身の受傷状況や治療経過などを正確に把握できていない場合も多く，相談段階で今後の治療や後遺障害に関する見込みを検討しようにも，被害者の話だけで判断をすることは難しい。

　そのため，被害状況や治療状況を正確に把握するための客観的資料として診断書の確認は不可欠である。

　また，事故によって生じうる損害（治療費や休業損害，逸失利益など）をすべて把握し，それらを裏付ける資料の収集作業を早期に進めておくことも重要である。

　被害者が初めて相談に訪れた時点では，これらの資料を十分にもっていないことがほとんどであることから，相談を受けた場合はこれらの資料を早期に取得するために適切な対応，指示をしなければならない。

## (1) 診断書

　診断書には，受傷の事実・内容，傷病名，治療経過，入通院先，入通院期間，要看護日数，通院実日数などが記載されている。これによって，交通事故と受傷との因果関係が明らかとなり，治療費，入院雑費，通院交通費，休業損害，入通院慰謝料等を算定するための客観的資料となる。

　診断書は治療を受けた病院の主治医によって発行してもらう。統一された書式はなく，各医療機関が用意した書式による。ただし，自賠責保険を使用する場合（被害者請求をする場合もしくは任意保険会社が対人賠償一括払い対応をする場合等）は，自賠責保険に共通して定められた書式を用いて作成してもらうこととなる。なお，自賠責保険所定の書式は，各自賠責保険会社のサービスカウンターもしくはサービスセンターに問い合わせを行えば，無償で提供してくれる。

　診断書は，自賠責保険会社に被害者請求をする場合のほかは原本を用意する必要がなく，たとえ訴訟において証拠として提出する場合でも写しで足りる。そのため，自賠責保険への被害者請求を予定している場合を除き，診断書を取得した任意損保会社から写しの提供をうける方法が最も簡便である。すなわち，加害者に任意損保会社がついている場合は，対人任意一括払いによる対応がなされていることがほとんどであり，任意損保会社は治療費を支払うにあたり，診断書を随時取り付けている。そのため，被害者もしくは被害者代理人が加害者の任意保険会社に対し，以下の診療報酬明細書や後遺障害診断書等を含め，医療費関係の書類の写しの送付を求めれば，すぐに提供してくれる。

　損保会社が治療費の支払をしていない場合は，被害者が発行を受けることとなるが，費用がかかることに注意しなければならない（1通あたり5000円前後。ただし，後に加害者に請求することになるため，領収書を保存しておくこと。）。

## (2) 診療報酬明細書（レセプト）

　診療報酬明細書（レセプト）には，被害者の入通院状況，診察や行われた処置等の治療，投薬等の明細が記載されている。そのほか，具体的な入通院の月日，治療費を支払った者等も記載されている。これらの記載によって，治療費が明らかになるほか，入通院慰謝料や入院雑費等を算出することができる。

　自賠責保険に被害者請求をするほかは原本でなく，写しで足りることは診断書と同様である。

　患者に対して医師がどのような治療をするかについては裁量があるが，受傷の内容・程度からみて必要性または相当性を欠く治療は事故との相当因果関係を否定され，結果として被害者自身が治療費を負担せざるを得なくなるため，注意が必要である。

　なお，健康保険を使用している場合は病院から診療報酬明細書が発行されない場合があるため，その場合は被害者が加入する健康保険組合に開示請求をして取得しなければならない。

## (3) 後遺障害診断書

　被害者の受傷状況及び治療状況から見て後遺障害に基づく損害が見込まれる場合，主治医の判断によって症状固定とされた後，後遺障害診断書を主治医に作成してもらわなければならない。それをもとに自賠責保険の後遺障害等級認定を経ておくことにより，後遺障害に関する損害（逸失利益，後遺障害慰謝料等）の発生を裏付けることができる。

　なお，後遺障害診断書の発行を受けるには費用（1万円前後）がかかるところ，この費用については実務上，後遺障害等級のいずれかに該当すると認定された場合は事故と相当因果関係のある損害と認められ，一方で，いずれの等級にも該当がないと認定された場合は事故との相当因果関係を欠くとして，被害者が負担しなければならない扱いとする損保会社もあり，注意を要する。

## (4) 休業損害証明書

休業損害とは，事故による傷病のために被害者が休業もしくは就労を制限せざるを得なかった場合に，傷病の治癒もしくは症状固定までに被害者が得られたはずの利益を受けられなかったことによる損害をいう。

休業損害は被害者及びその家族の生活に直結するため，休業損害が生じている場合は迅速に対応をしなければならない。もし休業損害の支払を加害者（加害者の任意損保会社）に拒否された場合は，速やかに仮払い仮処分（Ⅱ章第2-2(3)ウ）を申立てることも検討しなければならない。

休業損害は，被害者の基礎収入額及び休業日数に基づいて算出されるが，それらを裏付けるために必要となる資料は，以下のとおり職業別に異なるため，注意が必要である。

なお，集められた収入関係書類は，後遺障害による逸失利益の算出においても用いられる。休業損害に加え，後遺障害による逸失利益が問題となりうる場合，その金額は大きくなるため，被害者救済のために慎重かつ確実に資料を集めなければならない。

### ア 給与所得者

給与所得者の休業損害は，事故前の現実収入を基礎として，受傷のために休業したことにより現実に減少した収入額である。

実務では，自賠責保険の所定の書式（休業損害証明書）を用いて，事故前3ヶ月の平均賃金を基礎に算出されることが多い。

休業損害証明書は，勤務する会社に記載してもらい，前年度の源泉徴収票も併せて用意しなければならない。事故が就職（転職）直後であった等，事故前の収入状況と事故時の収入状況が異なる場合は，雇用契約書や労働条件通知書等によって事故時の現実収入を算出することとなる。

なお，休業に伴い賞与が減額された場合は，休業損害証明書とは別に，賞与減額証明書を会社に作成してもらい，賞与減額の根拠と

なる給与規定等の資料を用意しなければならない。

### イ　事業所得者

事業所得者の休業損害は，現実の収入減があった場合に認められる。

事業所得者の休業損害を算出するにあたっては，確定申告所得額を基礎収入とするため，事故前年の確定申告書の控え（税務署の受付日付印のあるもの）及びその添付書類を用意しなければならない。控えに受付日付印がないときは，納税証明書又は課税証明書（所得額が記載されたもの）を用意する。

なお，休業中の固定費の支出のうち，事業の維持・存続のためにやむを得ないものは損害として認められる。具体的には事業内容・経費の種類によって判断されるが，一般的には地代家賃，従業員給与などが認められる。確定申告書の控え及びその添付資料によってこれらの経費が明らかになっていればそれで足りるが，そうでなければ補充資料を用意しなければならない。

### ウ　会社役員

会社役員の報酬は，労務の提供に対する対価（給与）ではなく，会社との委任契約に基づく受任業務に対する報酬であり，経営結果の利益配当の実質を持つとされている。そのため，加害者の損保会社によっては，被害者が会社役員である場合にはその実態に関わらず，休業損害を認めない扱いをされることがある。

しかし，会社役員といっても，会社の規模や勤務態様は様々である。そのため，会社役員の報酬のうち，役員として実際に稼働する対価としての実質を持つ部分とそうでない利益配当等の実質を持つ部分を分けて考えなければならない。

そのため，会社役員の報酬のうち，労務の対価部分について休業損害が生じていることを裏付ける資料として，会社役員たる被害者の事故前の役員報酬額に関する資料（確定申告書の控え，納税証明書等），会社の規模や利益状況，他の役員・従業員の職務内容と報

酬・給与の額を示す書類（法人全部事項証明書，法人税の確定申告書類，決算関係書類等）のほか，類似法人の役員報酬の支給状況等がわかる資料があれば，これらを用意するとよい。

　その他，いわゆる一人会社の社長のように，実態として個人事業主と異ならない場合は，会社の企業収益を当該役員の基礎収入として休業損害を算出すべきであり，その場合は当該会社の法人税の確定申告書の控え及びその添付書類等を用意しなければならない。

### エ　家事従事者

　家事従事者とは，現に家事労働に従事するものをいう。性別，年齢を問わない。

　家事従事者としての休業損害が認められるには，被害者以外の者のために家事労働をする必要がある場合に限られるため，同居の親族が存在することを裏付ける資料（住民票等）が必要となる。代理人作成の同居親族に関する報告書で足りることもある。

　パートタイマー，内職等のいわゆる兼業主婦（主夫）の場合は，現実収入額と女性労働者の平均賃金額（賃金センサス第1巻第1表の産業計，企業規模計，学歴計，女性労働者の全年齢平均の賃金額）のいずれか高い方を基礎として算出することとなる。そのため，現実収入がわかる資料（給与明細，源泉徴収票等）を集めて，いずれを基礎とすべきかを検討しなければならない。

### (5) 戸籍全部事項証明書

　死亡事故の場合，相続人を明らかにしておくことは不可欠である。相談者の話をそのまま信じたために，後に思わぬ相続人が現れ，早期の解決が図れないこともある。まずは亡くなった被害者が生まれてから亡くなるまでの戸籍をすべて集め，相続人の範囲を明らかにしておく必要がある。

## 2　治療後

### (1)　症状固定の判断

　事故後，医学上相当と認められる期間に亙って治療を継続したにもかかわらず，これ以上治療を継続しても症状の改善が認められない状態になったことを症状固定という。

　医師によって症状固定と判断されると，その後の治療費は原則として認められない。治療をしても症状の改善が見込めない以上，原状回復のための相当な行為と認められないからである。もっとも，症状固定後の症状悪化を防止するための治療が必要と認められる場合など，その支出が相当なときは例外として認められることがある。

　また，症状固定までが休業損害であり，症状固定後は後遺障害による逸失利益として算出されるため，症状固定日を確定させることは損害賠償請求の観点から不可欠である。

　なお，この症状固定時期と関連して，事故による傷病のために必要とされる相当な治療期間（例えば，頸椎捻挫の場合は事故後およそ6ヶ月）を経過したところで，損保会社がその後の治療費の支払い拒否（打ち切り）を通告してくる場合がある。しかし，治療の必要性・相当性を判断するのは第一に医師であり，損保会社ではない。医師によって継続した治療が必要と判断されれば当然に治療は継続されるべきであり，その治療費は加害者が負担すべきである。したがって，損保会社によって治療費の打ち切りを通告された場合は，主治医に継続した治療の必要性を示した診断書もしくは意見書を作成してもらって損保会社に提出する。また，近い将来の症状固定時期の見込みを示し，その時期までは治療費を負担してもらうように交渉をするなどの対応をしなければならない。

　それでもなお，治療費が打ち切られ，被害者自ら高額の治療費を負担しなければならない場合には，速やかに仮払い仮処分を申立てることも検討しなければならない。

## (2) 後遺障害の等級認定

　一般的に，後遺障害とは，症状固定時点において残存する障害をいう。

　後遺障害について，医学的な定義はなく，法令上，労働基準法77条が「負傷し，又は疾病にかかり，治った場合において，その身体に障害が存するとき」とし，自賠法施行令2条が「傷害が治ったとき身体に存する障害をいう」としている。

　自動車事故によって後遺障害が生じたときは，後遺障害診断書をもとにして，後遺障害の等級認定が行われるところ，自賠責保険支払基準によれば，労災保険における障害の等級認定の基準に準じて行われることとされている。

　また，後遺障害の等級認定は，被害者の公平な救済を図る観点から，損害保険料率算出機構の下部組織である各地の調査事務所が行う。

　調査事務所による調査の結果は，①「非該当」（後遺障害とは認められない），もしくは②具体的に該当する等級のいずれかが通知される。

　後遺障害は重い障害順に1級から14級までの等級があり，後遺障害が認定されると，原則として認定された等級表に応じた労働能力喪失率が適用されて逸失利益が算定され，また，等級に応じた慰謝料の額が算出されることとなる（Ⅲ章第1-4）。

## (3) 等級認定の手続き

　後遺障害の等級認定を行うための手続きには，①被害者が直接請求をする方法（自賠法16条に基づく被害者請求），②自賠責保険の被保険者が請求する方法（自賠法15条に基づく加害者請求），③一括払い（対人任意一括払い）の前提として損保会社が任意保険金の支払いの前に後遺障害の等級認定を請求する方法（事前認定）の3つがある。実務において主に用いられる方法は①被害者請求もしくは③事前認定による方法のいずれかである。

いずれの方法によるにしても，第一に必要な手続きとして，所定の書式を用いて医師が作成した後遺障害診断書を提出しなければならない。また，事故態様や治療経過等を明らかにするために，事故発生状況報告書，診断書，診療報酬明細書（レセプト）等の必要書類（いずれも所定の書式有り），さらにレントゲン写真，CT，MRI等の画像記録がある場合は，それらも併せて提出しなければならない。

それらが手元にない場合は，後遺障害診断書等手元にあるものだけを添付し，以後，調査事務所から必要資料の求めがある都度，提出すればよい。等級認定には数か月かかるのが通常であるから，要は早く認定手続きに入ることである。

なお，損害保険料率算出機構もしくは調査事務所は，「労災補償障害認定必携（労災サポートセンター発行）」をもとにして等級認定の手続きを行うため，後遺障害診断書の記載については，「労災補償障害認定必携」の記載に沿った表現がなされているかを提出前に確認することを勧めたい。

### ア　被害者請求

被害者請求の方法による場合，後遺障害の等級認定の手続きは，事故によって発生した被害者の損害全体に対する賠償を求める手続きの一つとして行われることとなる。そのため，請求に際しては，自賠責保険＜損害賠償額＞支払請求書と共に必要な書類をすべて自賠責保険会社に提出しなければならない。

なお，被害者請求をするためには，請求先の保険会社（加害者が契約している自賠責保険会社）及び自賠責保険証明書番号を確認する必要があるところ，これは交通事故証明書に記載されているため，同証明書を取得して確認するとよい。自賠責保険会社に被害者請求を行う旨の問い合わせをすれば，手続きに必要な書式類を送付してくれる。

被害者請求に対する回答は，被害者本人に直接送られ，後遺障害が認められた場合は自賠責保険会社から被害者へ直接賠償金が支払

われる。

**イ　事前認定**

　事前認定の方法による場合，加害者の損保会社に後遺障害診断書を提出するだけでよい。その後は加害者の損保会社が関連書類や資料を収集し，手続きを行ってくれる。このように書類や資料の収集に手間がかからないことが，事前認定の最大のメリットである。

**ウ　被害者請求と事前認定の違い**

　前述のとおり，被害者請求による場合と事前認定による場合の最大の違いは，被害者にとって事前認定による方が圧倒的に手間がかからないというメリットがある。

　提出される書類等が同じであればどちらの方法によっても結果が変わることはないため，被害者が訴える症状が骨折や脱臼等画像上客観的に明らかな所見（他覚的所見）によって裏付けられる場合など，後遺障害の症状があることが客観的に明らかであれば，被害者にとって，事前認定による方が手続きとして簡便である。

　もっとも，頚椎捻挫（いわゆるむち打ち）など他覚的所見のない症状について障害の認定を受けようとする場合，被害者請求ならば，保険会社が積極的に収集することのない資料（被害者の症状の経緯に関する主治医による詳細な意見書等）を被害者自らが集め，提出することができる。

　また，事前認定の場合は示談成立後に賠償金を受け取ることとなるが，被害者請求による場合は示談成立前に自賠責保険の限度額分を先に受領することができる。

　いずれの方法によるかは，被害者が置かれている状況に応じて検討をすればよい。

**(4)　異議申立て**

**ア　異議申立て**

　後遺障害に非該当とされた場合，もしくは該当とされても認定さ

れた等級に不服がある場合，被害者請求，事前認定のいずれの方法による場合でも異議申立てをすることができる。

　異議申立ては，被害者請求の方法による場合は自賠責保険会社を通じて，また，事前認定の方法による場合は損保会社を通じて，損害保険料率算出機構宛てに行う。

　費用は無料で，時効期間内であれば何回でも申立てることができる。

　認定された等級に不服がある場合，既に認定された等級が下がることはないため，認定された等級に応じた損害賠償金を受領したうえで，異議申立てについて時間をかけて検討することもできる。

　異議申立ての方法は，書面（書式に特段の定めはない）の提出により，単に不服がある旨の記載だけでは足りず，異議申立ての理由・趣旨を具体的に明らかにしなければならない。その際，異議申立ての理由・趣旨を裏付ける新たな医証（後遺障害の等級認定に対する医師の意見書や未提出であった検査結果など）を提出する方が異議が認められ易くなり，新たな資料の提出がなければ結果は覆りにくいのが実際である。そのため，異議申立てを行う際は主治医の協力を得なければならず，この際も「労災補償障害認定必携」の記載に沿って作成してもらうように働きかけることが肝要である。場合によっては代理人自ら主治医を訪ねて必要な書類の作成を依頼し，具体的に記載すべき内容などを共に検討しなければならない。その際，代理人も認定を求める当該後遺障害に関する十分な理解が不可欠であることは言うまでもない。

### イ　調停申立て

　さらに，異議申立てに対する判断に不服がある場合は，自賠責保険・共済紛争処理機構（自賠法23条の５以下）に対して調停を申立てることができる。調停と言っても，実質は書面審査が中心で，医師，弁護士，学者等の合議で判断される。

　費用は無料であるが，１回しか申立てることができず，さらに結

果に不服があれば訴訟を提起せざるを得ない。

### 3　保険の内容調査

交通事故によって，治療費や休業損害，慰謝料等の人的損害，自動車の修理費用等の物的損害が発生し，いずれの損害も賠償するためには高額の費用が必要となることがほとんどである。それらの費用を被害者自身に負担させるべきでないことはもちろんのこと，他方で，すべての賠償を加害者の資力のみで賄うことは困難であり，高額の賠償金支払いのために加害者が生活に困窮して自殺を図るなどの事態も避けなければならない。そのため，自動車を運転するにあたり，保険の加入は不可欠である。

交通事故の被害者から相談を受けた際は，事故による被害状況及び損害を調査することはもちろんのこと，現実にその損害の補償を受けるための各種保険の有無，内容についても詳細に調査しておかなければならない。

### (1)　自賠責保険

我が国では，自動車損害賠償保障法に基づいて自動車損害賠償責任保険（自賠責保険）の契約が義務づけられている（同法5条）。自賠責保険と同趣旨の制度として自賠責共済（同法6条2項）もあるが，内容は自賠責と同じである（同法23条の3）。

自賠責保険（自賠責共済）は，自動車の運行によって人の生命又は身体が害された場合における損害賠償を保障する制度であるから（自賠法1条），人身損害に対してのみ填補され（ただし，身体に密着している眼鏡等は人身損害とされる場合がある。），物的損害に対する填補はない。自賠責保険で保障される詳しい内容については，Ⅱ章第1を参照のこと。

自賠責保険（自賠責共済）が付されている自動車の運行による事故によって，その保有者及び運転者に自賠法3条に基づく損害賠償責任

が発生した場合，これによる保有者及び運転者の損害は自賠責保険会社によって填補され（自賠法11条），また，被害者が直接自賠責保険会社に対して損害賠償を求めることもできる（同法16条）。

　加害自動車の自賠責保険の加入の有無及び契約保険会社は，加害者に対して加害自動車に備え付けられた自賠責保険証明書の提示を求める方法によって確認することができるが，交通事故証明書には自賠責保険会社と自賠責保険証明書番号が記載されていることから，これを取得する方法によっても確認することができる。

　なお，交通事故証明書は所轄の自動車安全運転センターで取得することができる。申請方法は，専用の用紙を警察署の受付（交番には置いていない）で入手してゆうちょ銀行・郵便局で払い込む方法，センター事務所窓口で申込む方法，インターネットで申込む方法がある。

## (2) 任意保険

　任意保険は，一次的に自賠責保険によっても填補されない損害を填補する二次的保険である。実際のところ，自賠責保険支払基準による損害賠償額は被害者にとって決して十分ではない。そのため，自賠責保険によっては足りない被害者の損害に対する填補を目的とした任意保険（対人賠償責任保険）の有無及びその支払限度額を調査することは，被害者救済という観点から重要である。

　また，自賠責保険は人的損害に対する填補のみを目的とするが，任意保険は物的損害に対する填補も対象とする。そのため，事故によって物的損害が発生している場合は，加害者に物的損害に対する任意保険（対物賠償責任保険）が付されているかを確認しなければならない。

　加害者に任意保険が付されている場合のほとんどは，損保会社によって示談代行がなされ，また，損保会社によって対人任意一括払い（損保会社が被害者に対し，自賠責から支払われる保険金分を含めた保険金を一括して支払うこと）による対応が取られるため，治療中に発生する治療費や休業損害などの損害に対しては任意保険会社によっ

て内払いが見込まれ，加害者による支払いの資力についての心配をする必要はなくなる。

### (3) 加害自動車の保有者不明の場合，加害自動車に自賠責が付されていない場合や泥棒運転による自動車事故の場合

　ひき逃げによって加害自動車の保有者が不明で自賠責保険会社が明らかでない場合，また，加害自動車に自賠責保険（自賠責共済）が付されていない場合や泥棒運転による事故のために加害自動車の保有者に責任が発生しない場合，被害者が被った損害は任意保険はおろか，自賠責保険（自賠責共済）によっても填補されないこととなる。

　もっとも，自賠法はこのような場合も社会保障的見地から，自賠責保険制度を補完する制度を設けている（同71条以下）。この制度を政府保障事業という（政府保障事業の詳しい保障の内容や手続きはⅣ章第2-2を参照のこと）。そのため，たとえ上記のような場合でも被害者の救済を諦めることなく，保障請求の手続きを積極的に検討しなければならない。

　ただし，この保障は加害者や損保会社（被害者自身が契約したものも含む。）等から損害の填補を受けると，その全額が控除される。例えば，自動車の保有者不明のために加害者からは全く賠償を受けられていなくとも，被害者自身の任意保険に基づいて3000万円の支払いを受けた場合，政府保障に基づく支払いを受けられなくなってしまうため，請求の順番にはくれぐれも注意をしなければならない。

　保障請求の手続きは，最寄りの損保会社もしくは責任共済の窓口においてすることができる。

　なお，保障請求権は，被害者が保障請求権を行使することができるときから3年を経過したときは，時効によって消滅する（同75条）ので注意が必要である。

## (4) 人身傷害補償保険

　人身傷害補償保険は被害者自身の自動車保険の特約として付された保険で，自動車事故により被保険者が死傷したことを要件として，被保険者に生じた損害に対し，約款で定められた基準に従い保険金が支払われる保険である（Ⅱ章第2-1(5)）。

　この保険の特徴は，加害者の有無や過失相殺の内容に関係なく，被保険者に過失がある場合でも過失部分を含め，約款で定められた基準に従い，保険金が支払われることにある。加害者との複雑な交渉を経ることなく迅速に賠償を受けられるため，被害者にとってメリットが大きい。

　ここで，人身傷害補償保険は損害填補型の保険であるため，被保険者が損害賠償請求権を取得した場合において，保険者が保険金を支払ったときには，被保険者に代位するという特殊性があることから，①同保険から先に保険を受けるか，②加害者から支払いを受けた後に支払いを受けるかで，被害者が最終的に支払いを受ける総額が異なるという考え方もある。もっとも，近時の裁判実務上は訴訟基準差額説（人身傷害補償保険金が，損害賠償請求において算定される総損害のうち被害者過失相当額にまず充当され，それを超える金額があるときは被害者の損害賠償請求権に充当されるという考え方）による扱いが定着しているため，実際の違いはないと考えられる（Ⅳ章第3-2）。

## (5) 無保険車傷害保険

　無保険車傷害保険とは，被保険者が無保険自動車（加害自動車に任意保険が付されていない場合，任意保険は付されているがその保険金額では損害を全額填補できない場合，免責事由に該当するため保険金が支払われない場合）の所有，使用又は管理に起因して生じた偶然の事故により，被保険者の生命が害され，又は身体を害された結果として後遺障害が生じた場合に，被保険者又はその父母，配偶者もしくは子が被る損害について，無保険自動車の自賠責保険及び任意保険から

支払われる金額を超過する金額が，被害者が加入する損保会社から支払われる保険である。この保険も被害者の自動車保険に特約として付された保険である（Ⅳ章第3-3）。加害自動車が無保険自動車であるケースは多く，非常に有用である。

　ただし，この保険によって填補される損害は，被保険者が死亡した場合や後遺障害を負った場合に発生する損害に限られるため，後遺障害がない傷害については補償されないことに注意が必要である。

### (6) 搭乗者傷害保険

　搭乗者傷害保険とは，被保険者（搭乗中の運転手や同乗者）が①被保険自動車の運行に起因する事故，②保険自動車の運行中の，飛来中もしくは落下中の他物との衝突，火災又は爆発，被保険自動車の落下のいずれかに該当する，急激かつ偶然な外来の事故により死傷した場合に，約款で定められた額の保険金が支払われる保険をいう。この保険も被害者の自動車保険に特約として付された保険である。

　搭乗者傷害保険は，搭乗者の傷害について広く補償される点において人身傷害補償保険とその補償範囲は重なるが，損害填補を目的とする人身傷害補償保険とは異なるため，契約した保険金額を限度に定額の保険金額が人身傷害補償保険とは別に支払われる。いわば生命保険的なものといえ，損害の填補とは考えられていないから，損益相殺の対象とならない。

### (7) 自損事故傷害保険

　自損事故傷害保険とは，被保険者が①被保険自動車の運行に起因する事故，②被保険自動車の運行中の，飛来中もしくは落下中の他物との衝突，火災又は爆発，被保険自動車の落下のいずれかに該当する，急激かつ偶然な外来の事故により死傷した場合に，約款で定められた額の保険金が支払われる保険をいう。この保険も被害者の自動車保険に特約として付された保険である。

　運行中の単独事故や相手方があっても被保険者の100％過失で発生した事故のように，被保険者に自賠責保険の適用がないために一切の補償がなされない事態を防止するための保険である。

　自損事故傷害保険は，補償の範囲が人身傷害補償保険で補償される範囲と重なるため，人身傷害補償保険が付帯しない場合にのみ適用されるが，そもそも自動車保険には付されていないことがほとんどである。

## (8) 車両保険

　車両保険とは，被保険自動車が偶然の事故（自動車事故に限らない。衝突，接触，墜落，転覆，物の飛来，物の落下，火災，爆発，盗難，台風，洪水，高潮その他の事故を含む。）により損害を被ったときに，その損傷の程度に応じて保険金が支払われる保険である。

## (9) 弁護士費用特約

　弁護士費用特約とは，被保険者が自動車事故など約款で定められた事故によって被った損害について，加害者に賠償請求を行う場合に負担した弁護士費用等の相当額を保険金として支払うものである。

　被保険者の100％過失で発生した事故でない限り利用することができ，人身事故のみならず，物損事故でも利用できる。

　示談金があまり高額を見込めない物損事故や加害者の資力の関係から確実に賠償を受けられるかわからない場合でも，弁護士費用を心配することなく弁護士に依頼することができるため，被保険者の権利を守る機能を果たす。ただし，損保会社の基準に基づき支払われる金額が定められているため，弁護士が依頼者と契約した金額の全額が支払われるわけではないことに注意を要する。

## (10) 社会保険

　交通事故との関係においては，労災保険による給付と健康保険によ

る給付を被害者救済のために利用しうる。

### ア　労災保険

　労災保険とは，業務上の事由（業務災害）又は通勤（通勤災害）による労働者の負傷・疾病・障害又は死亡に対して労働者やその遺族のために，必要な保険給付を行う制度である。ここでいう災害には，交通事故も含まれる。

　交通事故が労災事故であれば，治療費及び休業損害（休業補償給付として従前の給与額の6割，傷害の程度により特別支給金として2割）が支払われるため，被害者は生活上の心配をすることなく，治療を受けることができる。

　労災である自動車事故の加害者が，被害者やその事業主以外の第三者である場合，労災保険の給付を受けるには第三者行為災害届を所轄の労働基準監督署長に提出しなければならない。

　なお，労災保険と自賠責保険は択一的な関係にあり，両者については通達（昭和41年12月16日基発第1305号）により，原則として自賠責の支払を労災保険に先行することとされている（いわゆる自賠先行）。もっとも，被害者救済の観点から被害者の意思が尊重され，被害者が望めば労災保険の給付を先に行うことができる。

　労災保険と自賠責保険では，適用の範囲や給付額に違いがあるため，いずれを先行させるべきかは，被害者の過失割合や見込まれる総損害額などを考慮し，事案に応じて検討しなければならない。

### イ　健康保険

　健康保険とは，被保険者が業務外で病気やけがをした場合に，被保険者又はその遺族に対して，傷病給付や死亡給付などの給付がなされる保険をいう。

　自動車事故によるけがの治療にも健康保険の利用は可能である。その場合は，①被保険者自ら健康保険を利用して治療を受けることを希望し，②全国健康保険協会又は健康保険組合に対して第三者行為による傷病届を提出しなければならない。

　被保険者の過失割合が大きい自動車事故の場合や加害者の支払能力に問題がある場合は，健康保険を利用することによって治療費の負担を少なくすることができる点において，被害者にメリットがある。

　ただし，健康保険を使用すると，医療機関は健康保険給付以上の義務がなくなるため，自賠責保険所定の書式による診断書，診療報酬明細書，後遺障害診断書の作成をしてくれないこともあるため，注意が必要である。

　なお，人身傷害補償保険を利用する場合は，約款で健康保険を使用することが義務づけられていることに注意しなければならない。

## (11) 自動車保険以外の保険の特約

　交通事故では，自賠責保険や任意保険による加害者からの賠償のほか，被害者自身の自動車保険に加えて，火災保険や生命保険，医療保険などの特約から補償を受けることによって損害を填補しうることもある。これらの特約については契約者である本人ですらその加入の有無や内容を認識していないこともあるため，被害者が十分な損害の填補を受けるためには，被害者が加入しているすべての保険の証書及び約款も確認し，その利用の可否を検討しなければならない。

### ア　個人賠償責任補償特約

　個人賠償責任補償特約とは，自動車事故以外の日常生活の中で起きた偶然の事故により損害賠償責任を負った場合にその賠償費用について補償される保険である。火災保険の特約として付随していることが多い。

　近時は自転車事故による高額賠償事例が多く見られ，加害者の支払能力が大きな問題となるところ，個人賠償責任補償特約は自転車事故も補償の対象としているため，その役割は大きい。

　したがって，相談を受けた交通事故の加害車両が自転車である場合，まずは加害者に対して個人賠償責任補償特約の加入の有無及び

その支払限度額を確認すべきである。

### イ　災害割増特約，傷害特約など

　被害者が加入している生命保険の特約で，交通事故で死傷した際に保障を受けられる場合がある。

　災害割増特約や傷害特約は，被保険者が交通事故で亡くなった際に死亡保険金を追加して受け取ることができる。

　また，災害入院特約や特定損傷特約は被保険者が交通事故で入院をしたり，特定の損傷を負った際に，入院給付金や治療費としてあらかじめ決められた一時金を受け取ることができる。

　このように，交通事故の場合であっても，被害者は自身が加入する生命保険の特約によって補償を受けられる場合がある。

### ウ　積立傷害保険

　積立傷害保険とは，将来に備えた積立て機能と併せて，交通事故を含む日常生活における傷害に対する補償機能を有した保険であり，被害者が加入する保険によって補償を受けられる保険の一つである。

　被保険者の交通事故による傷害，後遺障害，死亡に対して，約款に基づいて一定の金額が補償される。

（Ⅰ章第2／弁護士　津江健太郎）

# 損保会社との交渉

# 第1　保険のしくみ

## 1　自賠責保険

### (1) 意義

　自動車損害賠償責任保険（自賠責保険）は，自賠法によって創設された，自動車又は原動機付自転車による人身事故に基づいて被保険者が同法に定める損害賠償責任を負担することによって被る損害について一定額を限度として填補する保険である。

### (2) 強制保険であること

　原則として全ての自動車及び原動機付自転車は，自賠責保険が締結されていなければ，運行の用に供することができない（加入義務；自賠法5条，2条1項，10条）。違反は，刑事罰の対象である（自賠法86条の3第1号）。自賠責保険が締結されていなければ，車検にも通らない。

### (3) 如何なる場合に（保険事故），誰の損害について（被保険者）支払われるか

　自賠法11条1項は「責任保険の契約は，第3条の規定による保有者の損害賠償の責任が発生した場合において，これによる保有者の損害及び運転者もその被害者に対して損害賠償の責任を負うべきときのこれによる運転者の損害を保険会社がてん補することを約し，保険契約者が保険会社に保険料を支払うことを約することによって，その効力を生ずる。」と定めている。

　すなわち，自賠責保険における保険事故は，保有者が運行供用者責任（自賠法3条）を負うことである。

　そして，自賠責保険における被保険者は，保有者及び運転者である。ここで運転者とは「他人のために自動車の運転又は運転の補助に従事

する者」（自賠法2条4項）であり，バス会社の運転者や後退誘導中
の車掌等が該当する。

## (4) 保有者

保有者とは「自動車の所有者その他自動車を使用する権利を有する
者で，自己のために自動車を運行の用に供するもの」をいう（自賠法
2条3項）。

この前段から，泥棒運転者は，保有者ではない。また後段から，所
有権留保売買における所有権者は，基本的に保有者ではない。

## (5) 運行供用者責任

### ア　条文

自賠法3条本文は「自己のために自動車を運行の用に供する者は，
その運行によって他人の生命又は身体を害したときは，これによっ
て生じた損害を賠償する責に任ずる。」と定める。

### イ　運行によって（運行起因性）

「運行によって」の意義については「運行」と「によって」に分
けて論じられることが多い。

### ㈠　運行

「運行」とは「人又は物を運送するとしないとにかかわらず，自
動車を当該装置の用い方に従い用いること」である（自賠法2条2
項）。

「当該装置」の意義につき，判例は，原動機（エンジン）や，そ
の他の走行装置（自動車としての構造上設備されているハンドル，
ブレーキ等）には限られず，当該自動車に固有の装置（クレーン車
のクレーンやダンプカーのダンプ等）も含まれるとしている（最判
昭和52年11月24日民集31巻6号918頁等）。この立場からはレントゲ
ン車の固有装置たるX線機器やキャンピングカーの固有装置たるガ
スレンジ等の操作まで「運行」に該当してしまいそうであるが，そ

れはさすがに広過ぎるように思われる。

#### (イ)　運行「によって」

　運行「によって」の意義については，①運行「に依って」と読み，運行に際して事故が発生したものであれば足りるとする見解（際して説），②運行「に因って」と読み，運行と事故との間に　相当因果関係が存することを要するとする見解（相当因果関係説），③運行と事故との間に「あれなくばこれなし」の事実的因果関係（条件関係）が存すれば足りるとする見解（事実的因果関係説）等が存する。

　判例は「『運行によって』とは運行と被害との間に因果関係があることを要するものと解すべきである」としており（最判昭和43年10月8日民集22巻10号2125頁），相当因果関係説に立つと解されている。

　しかし，実際は裁判例も因果関係を広く認めており，「際して説」が主流と考えてよいであろう。

### ウ　運行供用者

#### (ア)　意義

　「自己のために自動車を運行の用に供する者」すなわち運行供用者の意義につき，判例は「自動車の使用についての<u>支配権</u>を有し，かつ，その使用により享受する<u>利益</u>が自己に帰属する者」としている（最判昭和43年9月24日集民92号369頁）。

　実務上，「自己のために自動車を運行の用に供する者」との法文からは相当に離れた広範囲の者について，運行供用者性が認められている。すなわち，被害者が自賠法3条に基づいて損害賠償責任を追及できる相手方の範囲は，相当に拡張されている。

#### (イ)　運行供用者性が問題となる例

##### a　レンタカー業者

　一般に肯定されている（最判昭和46年11月9日民集25巻8号1160頁，最判昭和50年5月29日民集115号33頁）。もっとも，返却

期限を著しく過ぎてから事故が発生したような，もはやレンタカー業者の運行支配が失われたと評価される場合には，否定されている。

なお，顧客が悪意による事故を起こした場合も，レンタカー業者の運行供用者性は否定されない（東京地判平成19年7月5日判時1999号83頁）。

### b　使用貸借における貸主

少なくとも比較的短い貸与期間中に事故が発生した場合には肯定されている（最判昭和46年1月26日民集25巻1号102頁，最判昭和48年1月30日判時695号64頁）。これに対し，2時間の約束での貸与であったが約束どおり返還されず，貸主の返還請求によっても返還されないまま1か月余り後に事故が発生した事案について否定した例がある（最判平成9年11月27日民集186号227頁）。

借主の更に友人が運転して事故を起こした場合にも，当該運転が貸主の容認の範囲内にあったと認められる場合には肯定されている（最判平成20年9月12日民集228号639頁）。

### c　割賦販売における留保所有権者

少なくとも代金が遅滞される前の段階（交換価値を把握しているものに過ぎない）においては，特段の事情がない限り，否定されている（最判昭和46年1月26日民集25巻1号126頁）。

代金が遅滞された後においては，自動車を占有・処分し得ることになる（ちなみに，弁済期到来後に自動車が他人の土地に無権限で駐車された場合について，最判平成21年3月10日（民集63巻3号385頁）は，留保所有権者が撤去義務を負うとしている）が，運行支配・運行利益という観点等から運行供用者性は否定されるように思われる。裁判例は見当たらない。

### d　泥棒運転された所有者

基本的に否定されている（最判昭和48年12月20日民集27巻11号1611頁）が，盗難場所（第三者が容易に立ち入れる場所であるか

等），保管状況（ドアロックやエンジンキーの状況等），盗難から事故発生までの時間的・場所的間隔等により肯定されることもある。

　なお，近時の最判令和2年1月21日（自保ジ2056号1頁）は，自動車が窃取されることを防止するための措置が講じられていたとして，泥棒運転による物損事故について保有者の不法行為（民法709条）の要件である「過失」を否定した事例判決である。

### e　登録名義人

　既に自動車を売却し引渡も終えている，いわゆる名義残り（単なる名義書換未了）の場合は，否定されている。

　これに対し，登録名義人において「自動車の運行を事実上支配管理することができ，社会通念上自動車の運行が社会に害悪をもたらさないよう監視監督すべき立場」にある場合は，肯定されている（最判昭和50年11月28日民集29巻10号1818頁）。近時の最高裁判決である最判平成30年12月17日（民集72巻6号1112頁）は，生活保護受給の関係で自動車の所有が困難であった姉に名義を貸した弟の運行供用者性を肯定している。

## エ　他人

### ㋐　「他人」性にかかる基本的な考え方

　自賠法3条本文にいう「他人」の意義について，最判昭和42年9月29日（集民88号629頁）は，運行供用者と運転者を除くそれ以外の者であるとした。

　もっとも，以下に述べるとおり，その後の最高裁判決により，運行供用者についても，他の運行供用者の方が運行支配の程度が直接的・顕在的・具体的である場合には，当該他の運行供用者との関係において「他人」性が肯定されるに至っている。

### ㋑　共同運行供用者の「他人」性が問題となった例

### a　非同乗型

　最判昭和50年11月4日（民集29巻10号1501頁）は，他の運行供

用者が事故車両に同乗していない事案について，車外の運行供用者による運行支配が間接的・潜在的・抽象的であるのと比較して，車内の運行供用者（被害者）による運行支配が直接的・顕在的・具体的であるとして，車内の運行供用者は車外の運行供用者との関係において「他人」ではないとした。具体的には，車外の運行供用者は会社，車内の運行供用者（被害者）は取締役，運転者は従業員という事案であった。その後の裁判例においては，レンタカーの同乗者たる被害者に共同運行供用者性が認められる事案において，社会の運行供用者たるレンタカー業者との関係で「他人」性が認められるかについても，同様の判断基準が適用されている（他人性の肯定例として神戸地判平成30年6月26日交民51巻3号774頁，否定例として東京地判平成15年9月3日交民36巻5号1208頁等）。

b 同乗型

最判昭和57年11月26日（民集36巻11号2318頁）は，Aが友人Bから運転させて欲しいと頼まれて応じ，自らは後部座席に同乗中に事故に遭ったという事案（AとBは共同運行供用者となる）について，BがAの運転指示に服さずAの指示を守らなかった等の特段の事情がない限り，Aの運行支配の程度はBのそれに比して勝るとも劣らないとして，Bとの関係においてAは「他人」ではないとした。

c 代行運転

最判平成9年10月31日（民集51巻9号3962頁）は，運転代行業者と依頼者たる保有者との関係に照らし，事故当時，自動車の運行による事故の発生を防止する中心的な責任を負っていたのは運転代行業者であり，依頼者たる保有者の責任は，運転代行業者のそれに比べて間接的・補助的であるとして，運転代行業者との関係において依頼者たる保有者は「他人」であるとした。

### ㈡　「他人」性の認められない「運転者」

#### a　交代運転—運転者たる地位からの離脱

　大阪地判昭和43年5月10日（判時534号66頁）は，会社の同僚であるＡ，Ｂが業務として会社の自動車を交代しながら運転していたところ，Ｂの運転中に助手席で仮眠していて事故に遭ったＡの「他人」性を認めた。

　これに対し，最判昭和44年3月28日（民集23巻3号680頁）は，業務命令によって助手に運転させることが禁止されていたにもかかわらず助手に運転させ自らは助手席で指図をしていた際に事故に遭った運転者の「他人」性を否定している。

#### b　「運転者」（自賠法2条4項）に含まれる運転補助者

　最判平成11年7月16日（集民193号493頁）は，トラックに積載された鋼管くいがクレーン車の装置により荷下ろしされる際に玉掛け作業を好意で手伝ったトラック運転者が鋼管くいの落下により死亡したという事案について，被害者はクレーン車の運転補助者ではなく「他人」にあたるとした。自賠法は文言として「運行」と「運転」とを区別しているところ，玉掛け作業は，クレーン車の固有装置たるクレーンの操作（operate）としての「運行」を補助する行為とは解し得るとしても，自動車としてのクレーン車の「運転」（drive）を補助する行為とは解し得ないであろう。

　大阪高判平成16年9月16日（交民37巻5号1171頁）は「自動車損害賠償保障法3条の他人性を否定される運転補助者に該当するというためには，職務上運転を補助する立場にあって，現に運転補助作業に従事している者（あるいは運転補助作業から離脱していない者）であることとともに，その者の行為によって当該事故が発生したという補助行為と事故発生との因果関係を要すると解するのが相当である」としている。もっとも，「職務上」（法文上そのような限定はない）ではなく，例えば家族や友人が後退を誘導するような場合も，一般には運転補助者に該当するものと解さ

れている。

(エ)　被害者に「他人」性が認められない場合の責任原因

被害者に「他人」性が認められない場合も，自賠法3条に基づく損害賠償請求をなし得ないというに過ぎず，要件を満たす限り民法709条等に基づく損害賠償請求はなし得る。

なお，任意の対人賠償責任保険における保険事故は一般に「被保険自動車の所有，使用または管理に起因して他人の生命または身体を害することにより，被保険者が法律上の損害賠償責任を負担すること」とされており，被害者に「他人」性が認められず自賠責保険は適用されない場合でも対人賠償責任保険は適用され得る。

### オ　責任能力の要否

「精神上の障害により自己の行為の責任を弁識する能力を欠く状態にある間に他人に損害を加えた者は，その賠償の責任を負わない。ただし，故意又は過失によって一時的にその状態を招いたときは，この限りでない。」と定める民法713条は，運行供用者責任には適用されないと解されている（東京地判平成25年3月7日判時2191号56頁）。

## (6)　誰から請求するか

### ア　加害者請求（15条請求，保険金の請求，自賠回収）

加害者（被保険者たる保有者ないし運転者）は，被害者に対する損害賠償額について現実に支払をした限度で，自賠責保険金の支払を請求することができる（自賠法15条）。自賠法15条による請求であるので「15条請求」と呼んだり，加害者請求と呼ぶことがある。

### イ　被害者請求（16条請求，損害賠償額の請求，直接請求），仮渡金

被害者は，直接保険会社に対し，損害賠償額の支払を請求することができる（自賠法16条）。自賠法16条による請求であるので「16条請求」と呼んだり，被害者が保険会社に直接請求するので「直接

請求」と呼ぶことがある。

　実務的には，①無資力あるいは不誠実な加害者から損害賠償額の迅速な支払を受けられない場合，②重過失減額制度（後述）が適用される等により，加害者に請求する方が不利となる可能性がある場合，③(7)の支払基準や(8)の限度額を超過する部分について訴訟手続（相当な期間を要する）により請求することを予定しつつ，当座の生活費や弁護士費用等に充てるため一定の現金を速やかに手に入れたい場合，等に行われる。請求手続は比較的容易であり，被害者自身においても可能である。交通事故証明書には自賠責保険会社及び自賠責証券番号が記載されている。

　保有者の損害賠償責任の有無が確定していない段階で，被害者が当座の出費に充てる等のため，直ちに一定額（死亡事案290万円，重傷事案20万円ないし40万円，軽傷事案5万円）の仮渡金の支払を直接保険会社に請求することもできる（自賠法17条，自賠法施行令5条）。最終的に損害賠償額が仮渡金の額を下回った場合は，返還しなければならない（自賠法17条3項）。

　なお，加害者側に任意保険の付保がある場合，治療費や休業損害については，適宜内払が行われるのが通常である。

## (7) 支払基準（重過失減額等）

　加害者請求又は被害者請求に対する支払は，国土交通大臣及び内閣総理大臣の定める，いわゆる支払基準に従って行われなければならないものとされている（自賠法16条の3第1項）。

　支払基準においては，傷害慰謝料の額が1日あたり4300円（2020年3月31日以前に発生した事故の場合は4200円），葬儀費用が60万円（立証資料によりそれを超えることが明らかな場合は100万円の範囲内で必要かつ妥当な実費）とされている等，多くの損害項目について定額化が図られている。民事訴訟において裁判所が認定するであろう金額等よりは低額の算定となることが多い。もっとも，休業損害の日額

が最低6100円（2020年３月31日以前に発生した事故の場合は5700円）とされ，現実の減収がそれよりも低額であっても当該最低額と算定される等，民事法上の原則よりも被害者に有利となる場合もある。

　支払基準による算定が被害者に有利となるものとして最も重要なのが，重過失減額の制度である。①死亡・後遺障害事案では，被害者の過失割合が７割未満なら減額は行われず，７割以上８割未満なら保険金額又は損害賠償額の２割，８割以上９割未満なら３割，９割以上10割未満なら５割のみ減額され，②傷害事案では，被害者の過失割合が７割未満であれば減額は行われず，７割以上であれば２割のみ減額される（減額により20万円以下となる場合は20万円）。また，受傷と死亡又は後遺障害との間の因果関係の存否が不明な場合にも，当該死亡又は後遺障害による損害については，積算損害額の５割（支払限度額の５割が上限）が支払われる。

　したがって，大幅な過失相殺がなされる恐れのある事案等，自賠責保険への被害者請求による方が民事訴訟等によるよりも多額の賠償を得られる場合がある。そのような場合に先に訴訟提起してしまうと，自賠責保険に対する被害者請求によれば受領できたであろう額より低い損害賠償額のみ認容する判決を受けてしまう（この場合，判決の認容額を超過する分を後日に自賠責保険に請求しても，支払われない）。多少なりとも微妙な事案においては，自賠責保険への被害者請求を先行させるべきである。

　「保険会社は，保険金等を支払うときは，死亡，後遺障害及び傷害の別に国土交通大臣及び内閣総理大臣が定める支払基準（以下「支払基準」という。）に従ってこれを支払わなければならない。」と定める自賠法16条の３第１項の法文上は適用場面の限定は特にないが，請求が訴訟で行われると，支払基準は，被害者請求の場合（最判平成18年３月30日民集60巻３号1242頁）も加害者請求の場合（最判平成24年10月11日判タ1384号118頁）も，裁判所との関係では拘束力を有しないというのが判例である。

## (8) 支払限度額（保険金額）

　1事故において死傷者1人について支払われる自賠責保険金の最高限度額は，自賠法施行令2条で定められている。死亡事案は3000万円，後遺障害事案は75万円（14級）から4000万円（介護を要する場合の1級）まで，傷害事案は120万円である。加害車両（自賠責保険が付保されているもの）が複数の事故においては，その台数を乗じた金額が支払限度額となる（いわゆる二自賠等）。

　現実には，交通事故による損害賠償額は，支払限度額を超過することも少なくない。自賠責保険の役割について「基本保障」「最低限の保障」と言われる所以である。支払限度額を超過すれば，上乗せ保険たる任意の対人賠償責任保険の領域となる。

## (9) 免責

### ア　被保険者の損害賠償責任にかかる免責

　運行供用者責任（自賠法3条本文）も，①運行供用者及び運転者が自動車の運行に関し注意を怠らなかったこと，②被害者又は運転者以外の第三者に故意又は過失があったこと，③自動車に構造上の欠陥又は機能の障害がなかったこと，の3要件が証明されたときは，免責される（同条但書）。被害車両の直前のセンターラインオーバーによる正面衝突のようなケースである。

　この第1要件については，事故の発生にかかる注意義務違反がなければ，損害の拡大にかかる運行に関する注意義務違反があっても充足されるというのが，自賠責保険の実務である。例えば"センターラインオーバーした車両の搭乗者Xに生じた人身損害について，センターラインオーバーされた車両の運転者Yに事故の発生に関する注意義務違反の不存在は認められる（いずれにせよ衝突自体は不可避だった）が，人身損害の拡大にかかる運行に関する過失はあった（仮に注意義務が尽くされていればXは軽傷で済んだはずだったところ，Yにスピード違反やブレーキ遅れ等があり衝突の衝撃が強

いものとなったためにXに重症や死亡の結果が生じた）”という事
案においても，免責が認められている（重過失減額の基礎となる
「被害者の過失」についても，同様の取扱が行われている）。しかし，
法文は何らの限定なく「自動車の運行に関し注意を怠らなかった」
とするのみで，「事故の発生にかかる注意義務違反」か「損害の拡
大にかかる注意義務違反」かを問題としていないことから，（チャ
イルドシートの不使用のように運行に関しない注意義務違反でなく，
スピード違反等の）運行に関する損害の拡大にかかる注意義務違反
について明示的に争われた裁判例においては，「運行に関し損害の
拡大にかかる注意義務違反があっても，事故の発生にかかる注意義
務違反がなければ，自賠法3条但書免責の第1要件は充足される」
という解釈を示した裁判例は，見あたらない（裁判所は，法文を離
れた「空中戦」をしないのが通常である）。被害車両のセンターラ
インオーバー事案について，加害車両の運転者にそのような注意義
務違反が不存在であることの立証がないことを理由に自賠法3条但
書の免責を否定した裁判例としては，東京地判昭和49年10月14日
（判時775号149頁），東京地判昭和51年11月1日（自保ジ189号），横
浜地判平成元年9月28日（自保ジ判例レポート85号），大阪地判平
成3年1月31日（交民24巻1号129頁），福井地判平成27年4月13日
（最高裁ホームページ）等がある。被害者側代理人としては，安易
に諦めてはいけない（センターラインオーバーされた側の運転者に
も，刑事記録を精査する等すれば，多少のスピード違反やブレーキ
遅れ等，何らかの運行に関する注意義務違反が見つかることが多い
のみならず，そもそも注意義務違反の存否については立証責任が転
換されているのである）。

### イ　自賠責保険会社の支払責任にかかる免責

#### ㋐　悪意免責

　自賠責保険会社は，保険契約者又は被保険者の悪意によって生じ
た損害については，①加害者請求の場合は免責され（自賠法14条），

②被害者請求の場合は支払後に政府補償事業に対して求償し得る（自賠法16条4項）。

　この「悪意」とは，いわゆる確定的故意をいうものと解されている。実務上，被害者を同乗させて海に飛び込む方法による無理心中のような事案において該当性が認められている。

## (10) 被害者請求と社会保険者の代位請求との競合
### ア　労災保険の場合

　被害者請求と労災保険給付をした国の代位請求が競合した場合，被害者請求が優先するというのが判例である（最判平成30年9月27日民集72巻4号432頁）。実務上，国から代位請求があると，自賠責保険会社はその旨を被害者に通知し，国に優先して被害者請求を行う機会を与える取扱がなされている。

　労働者が業務上又は通勤中の交通事故により死傷し，加害者に十分な資力がない場合，自賠責保険には支払限度額があるため，可能な限りの労災保険給付を受けた上，精神的損害（慰謝料）や休業損害のうち休業補償給付（1日あたり原則として給付基礎日額の6割相当額）について損益相殺的調整がなされた残額部分等，労災保険によって填補されない損害について自賠責保険に被害者請求することで，自賠責保険の枠を有効に利用し，より多くの損害填補を受けることができる。

### イ　健康保険の場合

　被害者請求と健康保険給付をした社会保険者の代位請求が競合した場合も，被害者請求が優先するというのが判例である（老人保健法に基づく医療給付の事案にかかる最判平成20年2月19日（民集62巻2号534頁）は，健康保険給付全般に射程が及ぶと解されている）。実務上，社会保険者から代位請求があった場合も，自賠責保険会社はその旨を被害者に通知し，優先して被害者請求を行う機会を与える取扱がなされている。

　加害者に十分な資力がない場合，可能な限りの健康保険給付を受けた上，精神的損害（慰謝料）や治療費にかかる一部負担金（原則として 3 割）等，健康保険によって填補されない損害について自賠責保険に被害者請求することで，自賠責保険の枠を有効に利用し，より多くの損害填補を受けることができる。

## 2　任意保険
### (1) 意義―自賠責保険の「上乗せ」「横出し」

　任意保険としての自動車保険は，一般に対人賠償責任保険，対物賠償責任保険，人身傷害補償保険，車両保険等をセットして販売されている。

　かかる任意保険は，強制保険たる自賠責保険では填補されない損害を填補する。対人賠償責任については自賠責保険には支払基準や支払限度額による限界があり（→対人賠償責任保険），対物賠償責任は自賠責保険の対象外である（→対物賠償責任保険）。また，自賠責保険は，名称のとおり賠償責任保険であるので，損害賠償責任を負担することによって被った損害ではない，自己等の生命・身体（→人身傷害補償保険，無保険車傷害保険，自損事故保険，搭乗者傷害保険）や車両（→車両保険）に生じた損害については填補されない。

　各保険の具体的内容については，第2-1において述べる。

### (2) 対人賠償責任保険と自賠責保険との関係
#### ア　二階建て構造

　対人賠償責任保険による填補は，自賠責保険によって填補される額を超過する額についてなされる（被保険自動車に自賠責保険が付保されていない場合は，自賠責保険が付保されていたならば支払われたであろう額を超過する額について填補される）。

　任意保険会社が自賠責保険分も含めた支払を行う一括払の実務については第2-2(1)において述べる。

### イ　主な相違点

#### ㋐　支払対象となる事故

　対人賠償責任保険における保険事故は，一般に「被保険自動車の所有，使用または管理に起因して他人の生命または身体を害することにより，被保険者が法律上の損害賠償責任を負担すること」である。

　これに対し，自賠責保険の支払対象は，自動車の運行に起因する損害に限られている（自賠法3条）。

　運行によらない事故（煙草の不始末による車両火災で同乗者を死傷させた等）にかかる民法709条に基づく損害賠償責任については，自賠責保険は適用されないが，対人賠償責任保険は適用され，賠償責任額の全体が支払対象となる（自賠責保険によって支払われる金額がゼロであることから，賠償責任額の全額が「自賠責保険によって填補される額を超過する額」となる）。

#### ㋑　親族間事故の取扱

　任意保険では，被保険者と被害者とが親子や夫婦のように一定の密接な関係にある場合，一般に免責とされている。

　これに対し，自賠責保険では，被保険者と被害者との間に身分上・生活関係上の一体性がある場合にも支払がなされる。被害者側の過失の法理（Ⅲ章第2-2）が適用される事案のうち同乗事案における「被害者側」自賠責保険からの支払は，本来的には加害者と「被害者側」との共同不法行為であることから，まず「被害者側の過失」部分に充当され，残額のみ過失相殺後の控除となる（名古屋地判平成27年6月22日自保ジ1956号169頁）ので，この場合の「被害者側」自賠責保険に対する被害者請求は，絶対に忘れてはならない。

#### ㋒　裁判費用

　任意保険では，被保険者が被害者から裁判を起こされた場合における費用も填補されるのが一般である。

これに対し，自賠責保険では，被保険者に生じた裁判費用は不担保とされている（自賠責約款8条）。

(エ)　**保険料**

任意保険は，使用すると後日に保険料が上がる場合がある。

これに対し，自賠責保険の保険料は，車種等によって一律に定められており，使用したからといって保険料が上がることはない。

(オ)　**故意免責**

任意保険では，賠償責任保険以外を含め，被保険者の故意によって生じた損害については，一般に免責とされている。この故意には，いわゆる未必の故意を含むと解されている。なお，賠償責任保険では「故意によって生じた損害」という条項が通常であるのに対し，人身傷害補償保険等では「故意によって生じた事故による損害」という条項とされている場合もあり，いずれのタイプかにより故意の対象が異なってくる。

自賠責保険では，1(9)イ(ア)において述べたとおり，確定的故意によって生じた損害についてのみ免責とされている。

## 3　直接請求

1(6)イにおいて述べたとおり，自賠責保険では，保険契約の当事者ではない第三者たる被害者が自賠法16条ないし17条に基づいて自賠責保険会社に直接に損害賠償額ないし仮渡金の支払を求めることができる。これらの請求は，被害者に損害が生じれば示談成立や判決確定等を待つことなく直ちに可能である。

他方，対人賠償責任保険及び対物賠償責任保険では，次の①から④のいずれかに該当することを条件として，保険契約の当事者ではない第三者たる被害者が損保会社に直接に損害賠償額の支払を求めることができるのが通常である。

①　**損害賠償額の確定**

被保険者が被害者に対して損害賠償責任を負う金額が確定判決，

裁判上の和解，調停又は書面による示談により具体的に確定すること

**②　免責証書による承諾**

被害者が損保会社から損害賠償額の支払を受けた後は，それ以上被保険者に損害賠償請求権の行使をしない旨の被保険者宛の書面（免責証書）を交付すること

**③　アマウントオーバー**

損害賠償責任額が保険金額を超えることが明らかなこと

**④　被保険者の破産等**

全ての被保険者もしくはその相続人の破産，生死不明又は相続人の不存在

もっとも，損保会社は，示談代行の成果としての示談や被保険者を当事者とする裁判において確定した損害賠償金は基本的に支払うので，被害者としては，損保会社が免責を主張しているような場合を除き，損保会社を相手として直接請求権を行使する実益は通常ない。

## 4　示談代行

対人賠償責任保険及び対物賠償責任保険では，被保険者が被害者との間で行う示談交渉について，被保険者の同意を得て損保会社が代行する制度が定められているのが通常である。したがって，被害者側は，多くの場合，損保会社との間で交渉を行うことになる。

なお，損保会社が示談代行を行う目的は，損害賠償責任者たる被保険者に対して保険金の支払義務を負う範囲における示談の成立であり，このことから，示談代行が行われない場合として

**①　無責事故**

被保険者に損害賠償責任がない場合（自賠法3条但書免責等）

**②　免責事故**

被保険者には損害賠償責任があっても損保会社には保険金支払責任がない場合（故意免責等）

### ③　自賠内事故

　損害賠償額が明らかに自賠責保険の支払限度内に納まる（したがって，「二階部分」たる対人賠償責任保険からの填補が行われない）場合

### ④　アマウントオーバー

　被保険者の損害賠償責任の額が自賠責保険から支払われる額と任意保険の限度額との合計額を超えることが明らかな場合等がある。

　一方，示談代行は被害者の同意が必要であり，被害者は相手保険担当者が不誠実なときは示談代行を拒否し，加害者本人（契約者）に対し請求することが有効である。加害者本人（契約者）が保険会社を叱責して，一気に示談が進むこともある。

（Ⅱ章第1／弁護士　島田浩樹）

## 第2　保険の種類と特徴

### 1　種類と適用範囲

### (1) 任意自動車保険の保険商品

　任意自動車保険は，いろいろな補償，すなわち担保種目を組み合わせて一つの保険商品になっている（第1-2(1)）。

　各損保会社が販売している保険商品は，自動車保険料率算定会（現在の損害保険料率算出機構）算出の保険料率の使用義務が1998年（平成10年）7月に廃止されたこと等の，いわゆる保険の自由化の前後で大きく異なっている。保険の自由化以前は，全損保会社は同一の保険料率を使用し，同一の標準約款で，保険商品は，①一般自動車保険（BAP, Basic Automobile Policy），②自動車総合保険（PAP, Package Automobile Policy），③自家用自動車総合保険（SAP, Special Automobile Policy）と，自動車を所有していない運転者用の④自動車運転者損害賠償責任保険（ドライバー保険）の4種類であった。①

は対人賠償責任保険，対物賠償責任保険，車両保険をいわゆるバラ売りする保険で，①→②→③の順に充実し，③は対人賠償責任保険，対物賠償責任保険，自損事故保険，搭乗者傷害保険，無保険車傷害保険，車両保険を組み合わせたものである。

　これに対して，保険の自由化後は，損保会社は自由に保険料率を決定できるようになり，新たに発売された人身傷害補償保険（「人身傷害保険」と表記することが多い）を組み入れ，さまざまな工夫をして保険商品の差別化を図っている。最近ではドライブレコーダーによるサポート特約付自動車保険も販売されている。もっとも，大手損保会社の主力保険商品は自家用8車種（自家用（普通・小型・軽四輪）乗用車，自家用普通貨物車（最大積載量0.5トン超2トン以下・最大積載量0.5トン以下），自家用（小型・軽四輪）貨物車，特殊用途自動車（キャンピングカー））を被保険自動車（保険証券に記載されている自動車。約款によっては「契約自動車」と記載されている。）とする個人用（家庭用）総合自動車保険であり，対人賠償責任保険，対物賠償責任保険，人身傷害補償保険，車両保険に弁護士費用特約等の費用保険を組み合わせたものとなっている。

　約款は普通保険約款と特約に分かれるが，個人用（家庭用）総合自動車保険の普通保険約款には対人賠償責任保険，対物賠償責任保険，人身傷害補償保険，車両保険及び基本条項が含まれている。特約には補償の範囲を拡げるもの（各種費用保険，他車運転危険担保特約，無保険車傷害特約等）と保険料を安く抑えるために補償の範囲を狭くするもの（運転者の範囲や年齢に関する特約等）がある。また特約には，自動付帯されているものもある（他車運転危険担保特約，記名被保険者同僚災害特約等）。

　損保会社によって異なる点が多い約款は，人身傷害補償保険の内容並びに特約の種類及び内容である。現在，損保会社のホームページにはWEB約款が掲載されていることが多いので，特に依頼者（相談者）が被害者である場合には被害者自身及びその家族が加入している自動

車保険の保険証券を持参してもらいWEB約款を確認することが望ましい。約款は毎年改訂されることが多く，事故時に加入していた自動車保険に対応する約款が適用となる。

　普通保険約款の冒頭に，用語の定義が記載されていることが多く，これを一読しておくことは約款を理解する上で役立つ。約款は分かりにくい箇所も多く，読むのが面倒になるものではあるが，約款を読んで慣れることが理解への近道である。

　個人用（家庭用）総合自動車保険以外については，損保会社によって異なるが，事業用車両を被保険自動車とする一般自動車保険やバイク保険，ドライバー保険等がある。上記のBAP，PAP，SAPは現時点でほとんど見かけなくなっているが皆無とはいえず，また，SAPという名称は使用していないもののSAPの担保種目を基本に構成されている保険商品もある。

## (2) 各保険に共通のポイント

　各保険を検討する際には，保険事故は何か，被保険者は誰か，免責事由は何かを押さえる必要がある。

　保険事故とは，保険者（保険契約の当事者のうち，保険給付を行う義務を負う者，保険法2条2号，損保会社と考えると分かりやすい。）の保険給付義務を具体化させる偶然な一定の事故である。損害保険では，損害保険契約によりてん補することとされる損害を生ずることのある偶然の事故として損害保険契約で定めるものである（保険法5条1項）。約款では「保険金を支払う場合」等のタイトルで記載されている。

　なお，保険者以外の保険契約の当事者としては保険契約者があり，保険料を支払う義務を負う者である（保険法2条3号）。

　被保険者とは，補償を受ける者や補償の対象となっている者のことである。損害保険契約では，損害保険契約によりてん補することとされる損害を受ける者である（保険法2条4号イ）。

　免責事由とは，保険事故に該当する事実が発生しても，例外的に保険者が保険金支払の責任を免れる事由であり，主張・立証責任は保険者が負う。約款では「保険金を支払わない場合」等のタイトルで記載されている。

　各保険は，加害者になったときに使う保険と被害者になったときに使う保険に分けて考えることができる。

　加害者になったときに使う保険には，責任保険である対人賠償責任保険と対物賠償責任保険がある。責任保険契約とは，損害保険契約のうち，被保険者が損害賠償の責任を負うことによって生ずることのある損害をてん補するものをいい（保険法17条2項），責任保険によって結果的には被害者の救済が図られるが，直接的には被保険者である加害者が損害賠償責任を負うことを損害と考え，これをてん補する保険である。

　被害者になったときに使う保険には，傷害保険としての人身傷害補償保険，自損事故保険，搭乗者傷害保険，無保険車傷害保険と，損害保険としての車両保険がある。

## (3) 対人賠償責任保険
### ア　概要

　対人賠償責任保険は，自動車事故により他人を死傷させ，法律上の損害賠償責任を負った場合に，自賠責保険で支払われる限度額を超える損害賠償額に対して保険金が支払われる保険である。保険金額（保険給付の限度額として損害保険契約で定めるもの。保険法6条1項6号，いわゆるアマウント）を限度に保険金が支払われる保険であるが，保険金額は無制限のことが多い。対人賠償責任保険は任意自動車保険において最も重要な保険である。2019年3月末現在の自動車保有車両数における対人賠償責任保険の普及率は74.8％であり，自家用普通乗用車では82.6％に及ぶが，軽四輪貨物車（55.9％），二輪車（43.0％）では低い（「自動車保険の概況　2019年

度」損害保険料率算出機構のサイトによる）。

**イ　保険事故**

　保険事故は，対人事故（被保険自動車の所有・使用・管理に起因して他人の生命，身体を害すること）によって被保険者が法律上の損害賠償責任を負担することである。

　法律上の損害賠償責任は，自賠法3条の運行供用者責任に限らず，民法709条の不法行為責任や民法715条の使用者責任も含む。「被保険自動車の所有・使用・管理に起因して」が自賠法3条の「運行によって」より広いことは，第1-2(2)記載のとおりである。

**ウ　被保険者**

　被保険者は，各保険会社の約款によって多少異なる場合があるが概ね以下のいずれかに該当する者としている。

①　記名被保険者

②　被保険自動車を使用または管理中の次のいずれかの者

・記名被保険者の配偶者

・記名被保険者またはその配偶者の同居の親族

・記名被保険者またはその配偶者の別居の未婚の子

③　記名被保険者の承諾を得て被保険自動車を使用または管理中の者

　　ただし，自動車取扱業者が業務として受託した被保険自動車を使用または管理している間を除く。

④　①から③までのいずれかに該当する者が責任無能力者である場合は，その者の親権者，その他の法定の監督義務者および監督義務者に代わって責任無能力者を監督する者

　　ただし，その責任無能力者に関する対人事故に限る。

⑤　記名被保険者の使用者

　　ただし，記名被保険者が被保険自動車をその使用者の業務に使用している場合に限る。

　対人賠償責任保険の被保険者は記名被保険者（保険証券に記載されている被保険者）を中心に構成されている。

　①の記名被保険者は，誰がなってもよいわけではなく，被保険自動車の所有者，所有権留保売買における買主，リース契約の借主等，被保険自動車の使用・管理に法律上の権限を持つ者である。記名被保険者は，被保険自動車を使用，管理中であると否とを問わず，常に被保険者として賠償責任を負担する危険から保護されている。

　②の記名被保険者の一定の範囲の親族は，記名被保険者と身分的，経済的に一体性が特に強く，被保険自動車の使用頻度も高いと考えられるため，これらの者が被保険自動車を使用，管理中である場合は，記名被保険者の承諾の有無にかかわらず被保険者としている。

　「配偶者」は内縁の配偶者を含む（以下，同様）。「親族」は民法の解釈により6親等以内の血族，配偶者及び3親等以内の姻族である。「未婚」はこれまでに一度も法律上の婚姻歴がないことに限定している約款が多い。「同居」か否かは住民票の記載にかかわらず，同一の住居に居住の実態があるか否かで判断し，同一生計でなくてもよい。

　③は許諾被保険者といわれ，記名被保険者からの直接の承諾が必要であり「また貸し」の場合を含まない。ただし，記名被保険者の承諾は明示のものでなくても黙示のもの（被保険自動車を第三者が使用することを記名被保険者が知りながら明示の反対をしなかった場合など）でもよい。

　自動車取扱業者（自動車修理業，駐車場業，給油業，洗車業，自動車販売業，陸送業，運行代行業等）を除外しているのは，対価を得て自動車の取り扱いを受託している業者が営業行為に伴って負うリスクの費用は営業コストとして対価に含まれていると考えられるからである。

　④の責任無能力者の親権者等は近時問題になっている高齢の被保険者が運転をし，その法定の監督義務者等が責任を追及される場合に備えたものである。

　⑤は雇用契約上の当事者である使用者のみならず，請負契約上の元請人，委任契約上の委任者のように使用者に準じる地位の者も含む。使用者を被保険者とすることで，記名被保険者が使用者から求償請求されることを防いでいる。

　一つの対人事故が発生した場合，法的責任を負う者が複数いる場合があるが，賠償責任条項の規定は，それぞれの被保険者ごとに個別に適用され，これを個別適用という。特に被保険者と特別な関係にある被害者の損害の免責事由の存否を判断する際に個別適用が関係する。

### エ　免責事由

　保険法17条は，保険契約者又は被保険者の故意又は重大な過失（ただし責任保険は故意のみ）によって生じた損害，戦争その他の変乱によって生じた損害を免責事由としているが，任意自動車保険の約款ではこれ以外にも種々の理由から多くの免責事由が定められている。

　免責事由が定められている理由は，公益ないし信義則に反するため（被保険者等の故意），保険収支の悪化を防ぎ，モラル・ハザードを防ぐため（傷害保険における重過失，酒気帯び運転），巨大損害で保険者の引受能力を超えるか，引受けた場合，保険料が著しく高額となるため（地震，核燃料物事故），他の保険から支払われるため（同僚災害）等である。

　免責事由は各損保会社の約款によって若干異なるが，概ね以下のとおり規定されている。

### ㋐　故意免責，異常危険免責，競技・曲技免責

　①　保険契約者，記名被保険者またはこれらの者の法定代理人の故意

② 記名被保険者以外の被保険者の故意

　ただし，それによってその被保険者が賠償責任を負担することによって被る損害に限る。

③ 戦争，外国の武力行使，革命，政権奪取，内乱，武装反乱その他これらに類似の事変または暴動

④ 地震もしくは噴火またはこれらによる津波

⑤ 台風，こう水または高潮

⑥ 核燃料物質もしくは核燃料物質によって汚染された物の放射性，爆発性その他有害な特性の作用またはこれらの特性に起因する事故

⑦ ⑥以外の放射線照射または放射能汚染

⑧ ③から⑦までの事由に随伴して発生した事故またはこれらに伴う秩序の混乱に基づいて発生した事故

⑨ 被保険自動車を競技もしくは曲技のために使用すること，または被保険自動車を競技もしくは曲技を行うことを目的とする場所において使用すること

（イ）　**加重責任免責**

　被保険者が第三者との間に損害賠償に関する特別の約定を締結している場合において，その約定によって加重された損害賠償責任を負担することによって被る損害

（ウ）　**被保険者と特別な関係にある被害者の損害の免責**

　次の各号のいずれかに該当する者の生命または身体が害された場合。

① 記名被保険者

② 被保険自動車を運転中の者またはその父母，配偶者もしくは子

③ 被保険者の父母，配偶者または子

④ 被保険者の業務（家事を除く）に従事中の使用人

⑤ 被保険者の使用者の業務に従事中の他の使用人

　ただし，被保険者が被保険自動車をその使用者の業務に使用

している場合に限る。

(ア)①で，保険契約者，記名被保険者の故意は他の被保険者との関係でも絶対的免責であり，例えば記名被保険者の使用者の使用者責任（民法715条）も免責となる。

故意に関しては，傷害を与える故意で死亡を引き起こした場合に保険者が免責されるかにつき，最高裁平成5年3月30日判決（判時1489号153頁，判タ842号153頁）は，傷害と死亡とでは，通常，その被害の重大性において質的な違いがあり，損害賠償責任の範囲に大きな差異があるから，傷害の故意しかなかったのに予期しなかった死の結果を生じた場合についてまで，保険契約者，記名被保険者等が自ら招致した保険事故として免責の効果が及ぶことはない，とするのが一般保険契約当事者の通常の意思に沿うものというべきであるとして，免責を認めなかった。

⑨の競技，曲技のための使用等は，保険料率算定上予定している通常の危険とは異なるため免責とした。

(イ)は，例えば予め多額の損害賠償額を約束している場合，保険料率は，通常の損害賠償責任を前提として算定しているので加重な部分を免責とした。

(ウ)は，対人賠償責任保険固有の免責事由であり，記名被保険者を中心とする一定の者の被害について免責とした。

①で記名被保険者の被害が免責とされたのは，そもそも賠償責任保険は記名被保険者が賠償責任を負担することによって被る損害に対して保険金を支払うものだからである。記名被保険者が被害者となった場合は，傷害保険によるべきであり，他の被保険者との関係でも絶対的免責であり，例えば他の者が運転し，記名被保険者が同乗していたときでも免責である。

②で，運転中の者は加害者として賠償責任を負担する者であり，その父母，配偶者，子の被害も家庭内で処理されるべき問題であり，通常，損害賠償請求はしないと思われ，これを認めるとモラ

ルリスクの問題もあるため免責とされている。他の被保険者との関係でも絶対的に免責であり，例えば，記名被保険者Ａが所有している自動車を友人Ｂが借りて，同乗のＢの子Ｃが負傷した場合，ＢのＣに対する運行供用者責任（自賠法３条）及び不法行為責任（民法709条）も，ＡのＣに対する被保険自動車の保有者としての運行供用者責任（自賠法３条）も免責となる。

ただし，近時，父母又は子については運転中の者又はその配偶者と同居している場合に限定している約款もあるので，家族間の事故の場合は約款を確認する必要がある。

③は，②と同様，被保険者の家庭内で処理されるべき問題であり，通常，損害賠償請求はしないため免責とされている。しかし，②と異なるのは被保険者の個別適用によって相対的に考えることである。例えば，記名被保険者Ａが所有している自動車を友人Ｂが借りて，同乗のＡの子Ｃが負傷した場合，ＡのＣに対する責任は免責となるが，ＢのＣに対する責任は，ＢとＣは親子ではないので有責となり，結局，Ｃの負傷につき保険が使えることになる。これが個別適用の典型例である。

また，②と同様に父母又は子については被保険者又はその配偶者と同居している場合に限定している約款もある。

④が免責となるのは，業務に従事中の使用人の事故は，自動車保険ではなく国の労災保険や民間の労働災害総合保険の補償範囲だからであり，「家事を除く」と記載されているのは，家事使用人が被害者である場合は，労災保険による給付が行われないからである。

記名被保険者Ａが所有している自動車を知人Ｂが借りて，仕事中のＡの使用人（従業員）Ｃが負傷した場合，ＡのＣに対する責任は免責となるが，ＢのＣに対する責任は，ＢＣ間には何の関係もないので有責となり，Ｃの負傷につき保険が使えることになる。

⑤は同僚災害免責といわれるもので，④と同様に労災保険等の

補償範囲であるため免責となる。なお，「被保険者」の規定に記載されている「使用者」は，雇用契約に限らず広く捉えるが，免責事由については被害者保護のため「使用者」「使用人」の関係を狭く考え，「使用者」は雇用関係のある場合に限定して考える。

　しかし，個人が自分の私有の自動車を業務に使っていて同僚を負傷させてしまった場合は，自らの危険を補償する手段がない。そこで，被保険自動車の所有者及び記名被保険者が個人の場合は「記名被保険者同僚災害特約」が自動付帯されており免責とはならない。

　記名被保険者Ａが所有している自動車を運転していたＡの使用人（従業員）Ｂが，同僚のＣを負傷させてしまった場合，ＡのＣに対する責任もＢのＣに対する責任も共に免責となるが，根拠となる約款の条項は異なり，Ａについては④，Ｂについては⑤が根拠となる。

## オ　注意点

　各損保会社の対人賠償責任保険の約款は重要な点においておおよそ同一であり，対人賠償責任保険の約款をじっくり読むことは少ない。対人賠償責任保険が当該事故に使用できるということになれば，加害者は示談代行で被害者との交渉を損保会社に委ねることになり，保険金額は無制限であることが多いから，被害者は損保会社と損害賠償額につき交渉して合意すれば（または，判決等で損害賠償額が確定すれば），支払保険金が損害賠償金として損保会社から支払われる。

　対人賠償責任保険で特に気を付けなければならないのは，①被保険者と特別な関係にある被害者の損害の免責の場合，②運転者が記名被保険者の承諾を得ずに被保険自動車を運転し許諾被保険者に該当しない場合，③運転者家族限定特約や運転者年齢限定特約等により免責になる場合等である。

　「直接請求」「示談代行」「一括払い」については，第1-3，第1-4，

第2-2(1)を参照していただきたい。

## (4) 対物賠償責任保険
### ア　概要
　対物賠償責任保険とは，自動車事故により第三者の財物（他人の車両，家屋，塀，ガードレールなど）に損害を与え，又は運転中に誤って線路に立ち入ってしまったことなどが原因で電車等を運行不能にさせることにより法律上の損害賠償責任を負った場合に補償される保険である。2019年3月末現在の自動車保有車両数における対物賠償責任保険の普及率は，ほぼ対人賠償責任保険の普及率と同様の74.9％である，各用途・車種ごとの傾向も対人賠償責任保険とほぼ同様である（「自動車保険の概況　2019年度」損害保険料率算出機構のサイトによる）。

### イ　保険事故
　保険事故は，対物事故（被保険自動車の所有・使用・管理に起因して他人の財物を滅失，破損または汚損すること，または軌道上を走行する陸上の乗用具が運行不能になること）によって被保険者が法律上の損害賠償責任を負担することである。

　従前は，財物を損壊せずに，電車等を運行不能にさせた場合については保険事故とされていなかったが，近時，保険事故に含める約款が増えている。

### ウ　被保険者
　対人賠償責任保険と同様である（(3)ウ。ただし，④に「対人事故」とあるのを「対物事故」と読み替える。）。

### エ　免責事由
(ア)　故意免責，異常危険免責，競技・曲技免責，(イ)加重責任免責は，対人賠償責任保険と同様である。

(ウ)　被保険者と特別な関係にある被害者の損害の免責
　下記のいずれかの者が所有，使用または管理する財物が損壊され

た場合または軌道上を走行する陸上の乗用具が運行不能になった場合。

① 　記名被保険者

② 　被保険自動車を運転中の者またはその父母，配偶者もしくは子

③ 　被保険者またはその父母，配偶者もしくは子

①の記名被保険者については，賠償責任保険の性質との関係では対人賠償責任保険と同様の趣旨である。また，記名被保険者が所有する財物等だけではなく，記名被保険者が管理をして正当な権利を有する財物等に対して賠償責任を負担する場合でも，受託者賠償責任保険等があるので，対物賠償責任保険は免責とされている。

②が免責となる理由は対人賠償責任保険と同様の趣旨である。

③については，対物賠償責任は自賠法の適用がないため，通常は加害者である運転者と賠償責任者は一致するが，②以外に③が規定されているのは，運転者以外の者が使用者責任（民法715条）を負担し，被保険者となることがあるためである。

記名被保険者Aが所有している自動車をAの従業員Bが運転し，Aの父Cが所有するフェンスにぶつけてこれを壊したとき，AのCに対する使用者責任（民法715条）は免責となるが，個別適用により従業員BのCに対する不法行為責任（民法709条）は有責となりフェンスの損壊につき保険が使えることになる。

なお，対人賠償責任保険と同様に，②③の父母又は子につき，運転中の者（②のとき）・被保険者（③のとき）またはその配偶者と同居している場合に限定している約款もある。

### オ　注意点

対人賠償責任保険と異なり，対物賠償責任保険は保険料を安くするために，保険金額（アマウント）を無制限としていない場合もある。この場合，被害者は保険金額を超える部分の損害賠償額について，加害者本人から損害賠償金を受領することとなる。対人賠償責任保険の保険金額は被害者1名についてのものであるが，対物賠償

　責任保険の保険金額は被害車両1台についてではなく，1事故についてのものであり，この点からも保険金額が無制限でない場合には注意を要する。

　また，支払保険金の計算にあたって損害の額から差し引く免責金額（自己負担額）が定められている場合もあり，被害者は加害者本人から免責金額分の損害賠償金を受領することとなり，損保会社からは免責金額を差し引いた金額が支払われる。

　対物事故は財物を損壊することと電車等を運行不能にすることであるから，例えば被保険自動車が店舗の入り口前で立ち往生し，店舗に営業損害が生じたものの，財物を損壊しなかった場合には保険金は支払われない。

　また，対物事故が発生した場合であっても，道路法58条の原因者負担金（無過失責任）を道路管理者から請求された場合は，法律上の損害賠償責任を負担する場合と異なり，当然に対物賠償責任保険の対象となるわけではない（ただし，首都高速でセミトレーラーが横転し側壁に衝突して積載されていたガソリン等が炎上し橋脚の損害額が17億円を超える原因者負担金請求につき，約款上の「法律上の損害賠償責任」に含まれるとして損保会社（共済組合）に原因者負担金の支払を命じた裁判例もある（東京高判平成27年6月24日判時2320号46頁））。対物事故が発生したが失火ノ責任ニ関スル法律の適用により損害賠償責任が生じない場合に原因者負担金を支出したときについては，「費用」として損害の一部とみなし保険金を支払うと規定している約款もある。

## (5) 人身傷害補償保険

### ア　概要

#### (ア)　実損てん補型

　人身傷害補償保険（人傷保険）とは，被保険者が自動車の運行に起因する事故等の急激かつ偶然な外来の事故で身体に傷害を被るこ

とによって，被保険者又はその父母，配偶者もしくは子が被った損害に対して，責任の確定や過失割合の決定を待たずに，約款に規定された算定基準（人傷基準）による損害額（人傷基準損害額）に基づいて保険金が支払われる実損てん補型の傷害保険である（保険法上は傷害疾病損害保険契約（2条7号）に該当すると解される。）。

　1998年（平成10年）10月に当時の東京海上火災保険株式会社が「新自動車保険TAP」の中で人身傷害補償条項として発売したのが最初で，現在はほとんどの損保会社が販売している。2019年3月末現在の自動車保有車両数における人傷保険の普及率は69.8％であり，自家用普通乗用車では81.3％に及ぶが，営業用普通貨物車（32.4％），二輪車（13.2％）は低くなっている（「自動車保険の概況　2019年度」損害保険料率算出機構のサイトによる）。

　事故にあった被害者としては，加害者が対人賠償責任保険に加入しているか否かと同時に，当該事故に利用できる人傷保険があるのか否かの確認が必須である。人傷保険金が支払われる事故はノーカウント事故であり，次回契約時の等級適用の際には事故がなかったものとして取り扱うことからも，人傷保険の利用を検討すべきである。

#### (イ)　人傷基準

　人傷保険は，被害者の過失割合が問題とならず，加害者との交渉を経ずに比較的速やかに保険金を受領できるという点は大きなメリットである。しかし，人傷基準損害額は，訴訟で認定される損害賠償額や，いわゆる「青本」「赤い本」などの日弁連交通事故相談センター本部及び東京支部の損害賠償基準額より一般的に低額であることから（例えば，一家の支柱である被害者が死亡した場合の慰謝料額は，赤い本基準で2800万円，青本基準で2800万円〜3100万円であるが，人傷基準の精神的損害額は2000万円程度である。），被害者は人傷保険金を受領するだけではなく，さらに加害者に対する損害賠償金の請求を希望することもあり，他の傷害保険と異なって損

害賠償請求と交錯する場面が生じ，人傷保険については多くの問題点が検討されてきた。

(ウ)　人傷約款

　人傷保険は発売以来，何度か大きく約款を変更してきており，主な改訂点は，①普通保険約款において保険事故及び被保険者の範囲を限定する方向での改訂，②保険法の施行及び請求権代位に関する最高裁判例（Ⅳ章第3-2）に伴う，被保険者（被害者）に有利な方向での改訂，③無保険車事故を特則として規定する改訂等である。

　人傷保険は，他の保険に比べ約款を読む必要性が高いが，人傷保険の約款はやや難解であり，かつ損保会社によって大きく異なる点と微妙に異なる点が混在している。また同じ損保会社の約款であっても時期によって異なっている点があり，理解するのに最も苦労する保険約款の一つである。対人・対物賠償責任保険と異なり，人傷保険は保険金額（アマウント）が無制限であるよりも，一般的に3000万円以上で1000万円単位（2億円超は「無制限」）の保険金額が設定されていることが多いことも，約款解釈を難しくしている要因となっている。

　なお，被保険者に一定の重度後遺障害が残った場合には，保険金額を保険証券記載金額の2倍の金額とする約款が多い。

イ　保険事故

　保険事故は，以下のいずれかに該当する急激かつ偶然な外来の事故により被保険者が身体に傷害を被ること（人身傷害事故）である。

　①　自動車または原動機付自転車の運行に起因する事故
　②　被保険自動車の運行中の，次のいずれかに該当する事故
　　・飛来中または落下中の他物との衝突
　　・火災または爆発
　　・被保険自動車の落下

「外来の事故」につき，最高裁平成19年10月19日判決（判時1990号144頁，判タ1255号179頁）は，狭心症の診断を受け服薬していた

被保険者が自動車を運転中，ため池に転落して溺死した事故につき，人傷保険が「自動車の運行に起因する事故等に該当する急激かつ偶然な外来の事故により被保険者が身体に傷害を被ること」を保険金支払事由と定め，被保険者の疾病によって生じた傷害に対しては保険金を支払わない旨の規定を置いていない場合，自動車の運行に起因する事故等が被保険者の疾病によって生じたときであっても，保険者は保険金支払義務を負い，保険金請求者は事故と被保険者が身体に被った傷害との間に相当因果関係があることを主張・立証すれば足りるとした。

「傷害」につき，約款によっては日射，熱射または精神的衝動による傷害を含まないとしているものもある。

「運行に起因する」とは自賠法３条の「運行によって」と同義と解されている。

保険事故は各損保会社の約款によって微妙に異なり，上記①についても被保険自動車の運行に起因する事故に限定しているものもある。このように限定している約款の場合は，例えば，駐車場に被保険自動車を駐車し車中泊をしていたところ，別の自動車が衝突してきて傷害を負ったときは保険事故に該当しないこととなる。

### ウ　被保険者

①　被保険自動車の正規の乗車装置またはその装置のある室内に搭乗中の者

②　①以外の者で被保険自動車の保有者

③　①②以外の者で被保険自動車の運転者

ただし，②③とも被保険自動車の運行に起因する事故の場合に限る。

人傷保険は傷害疾病損害保険契約と解されているが，被保険者の意味につき，損害保険契約によりてん補することとされる損害を受ける者（保険法２条４号イ）としてよりは，人身傷害事故の客体と解する見解もある。

　また，被保険者ごとに個別に約款の規定を適用し，支払保険金，免責事由の有無等を判断する。

　①の「その装置のある室内」とは，隔壁等により通行できないように仕切られている場所を含まない。

　「搭乗中の者」は正規の乗車装置又はその装置のある室内に乗車するため，手足又は腰などをドア，床，ステップ又は座席にかけた時から，降車のために車外に両足をつける時までの間をいうが，近時，これに該当するか否かの解釈が争われることも増えている。搭乗者傷害保険についてではあるが，最高裁平成19年5月29日判決（判時1989号131頁，判タ1255号183頁）は，夜間高速道路において自損事故を起こし車外に避難した運転手が，後続車に衝突，れき過されて死亡したことは，ⅰ運転者が後続車の衝突等により身体の損傷を受けかねない切迫した危険を避けるために車外に避難せざるを得ない状況に置かれたこと，ⅱその避難行動は避難経路も含めて危険にさらされた者の行動として自然なものであったこと，ⅲれき過が自損事故と時間的にも場所的にも近接して生じていることなどの事情の下では，自動車事故とれき過との間に相当因果関係が認められ，死亡保険金の支払事由に該当するとした。

　②の「保有者」③の「運転者」は，それぞれ自賠法2条3項，2条4項に定める「保有者」「運転者」である。

　被保険者は各損保会社の約款によって微妙に異なり，②③のただし書きの限定につきさらに，その損害について自賠法3条の責任が発生しない場合としている約款もある。

　これらの被保険者から除外される者として，

　(a)　極めて異常かつ危険な方法で被保険自動車に搭乗中の者

　(b)　業務として被保険自動車を受託している自動車取扱業者

がある。

　(a)はいわゆる箱乗りのような場合である。

　(b)は対人賠償責任保険の被保険者③ただし書き　((3)ウ③)　と同様

の趣旨
である。

### エ　請求権者

　人傷保険においては，被保険者と保険金請求権者を分け，保険金
請求権の帰属主体である以下の者を保険金請求権者としている。

　　①　　被保険者

　　②　　被保険者が死亡した場合の被保険者の法定相続人

　　③　　被保険者の配偶者または父母もしくは子

　③が保険金請求権者になるのは，被保険者が死亡した場合に，③
の者に固有の精神的損害が発生する場合があり，人傷保険はこの損
害も保険金の支払対象としているからである。

### オ　特約による保険事故及び被保険者の範囲の拡張

　「人身傷害車外事故特約」（各損保会社の約款によって名称は異な
る）を付けることによって，保険事故及び被保険者を以下のように
拡張することができる（人傷保険発売当初の普通保険約款はこの内
容であった。）。この特約によって，被保険自動車以外の他の自動車
に搭乗中の事故のみならず，歩行中に自動車に衝突された事故等も
補償対象となる。また，被害者本人が自動車保険に加入していなく
ても，例えば，被害者の家族が加入している場合には，被害者は被
保険者となる。したがって，本特約が付いているかを確認すること
は極めて重要である。

### ㋐　保険事故

　特約がない場合の保険事故と比べ，運行起因事故（(5)イの保険事
故①）のみならず運行中の事故（(5)イの保険事故②）においても
「被保険自動車」との限定がなくなり，「自動車または原動機付自転
車」となる。

　ただし，記名被保険者及びその家族の所有する，又は常時使用す
る自動車等，並びに被保険者の使用者が所有する自動車等で同人の
業務のために運転している場合等の一定の自動車等は除かれる。

### ㈡　被保険者

普通保険約款の前記の被保険者に加え次の者が被保険者となる。

① 記名被保険者

② 記名被保険者の配偶者

③ 記名被保険者またはその配偶者の同居の親族

④ 記名被保険者またはその配偶者の別居の未婚の子

⑤ ①から④のいずれかの者が自ら運転者として運転中の被保険自動車以外の自動車または原動機付自転車の正規の乗車装置または当該装置のある室内に搭乗中の者

上記⑤は規定されていない約款もある。

なお，本特約とは別に，さらに保険事故の範囲を拡げ交通乗用具（自転車，電車，航空機，エレベータ等）事故を対象とする「交通乗用具事故特約」もある。

### カ　免責事由

免責事由は各損保会社の約款によって多少異なっている。

### ㈠　異常危険免責，競技・曲技免責

① 戦争，外国の武力行使，革命，政権奪取，内乱，武装反乱その他これらに類似の事変または暴動

② 地震もしくは噴火またはこれらによる津波

③ 核燃料物質もしくは核燃料物質によって汚染された物の放射性，爆発性その他有害な特性の作用またはこれらの特性に起因する事故

④ ③以外の放射線照射または放射能汚染

⑤ ①から④までの事由に随伴して発生した事故またはこれらに伴う秩序の混乱に基づいて発生した事故

⑥ 被保険自動車を競技もしくは曲技のために使用すること，または被保険自動車を競技もしくは曲技を行うことを目的とする場所において使用すること

(イ)　故意・重過失免責，被保険者の行為による免責，無断搭乗免責，微傷起因創傷感染症免責，脳疾患等免責

① 被保険者または保険金受取人の故意または重大な過失によって生じた損害（保険金受取人の場合は，その者が受け取るべき金額に限る）

② 被保険者の闘争行為，自殺行為または犯罪行為によって生じた損害

③ 被保険者が，法令に定められた運転資格を持たないで被保険自動車を運転している場合に生じた損害

④ 被保険者が麻薬，大麻，あへん，覚せい剤，危険ドラッグ，シンナー等を使用した状態で被保険自動車を運転している場合に生じた損害

⑤ 被保険者が，酒気を帯びて（道交法65条1項違反またはこれに相当する状態）被保険自動車を運転している場合に生じた損害

⑥ 被保険者が，被保険自動車の使用について，正当な権利を有する者の承諾を得ないで被保険自動車に搭乗中に生じた損害

⑦ 平常の生活または平常の業務に支障のない程度の微傷に起因する創傷感染症による損害

⑧ 被保険者の脳疾患，疾病または心神喪失によって生じた損害

(ア)において対人・対物賠償責任保険と異なり，台風，こう水，高潮は免責事由ではない。

(イ)は傷害保険固有の免責事由である。①の主体は保険法17条の保険契約者又は被保険者と異なり，被保険者又は保険金受取人である。また，対人・対物賠償責任保険と異なり，故意以外に重大な過失が免責事由となっている。重大な過失は，危険性の高い行為を補償の対象から外すものであるが，実際には故意免責を補完する役割を果たしている面がある。どの程度の過失で重大な過失が認められるのかにつき，故意に準じるものに限定すべきとの考えと，一般人を基準として甚だしい不注意であれば足りるとの考えの対立がある。

　③④⑤は状態免責といわれ，ある客観的な状態にある間の事故については一律に免責とするもので，これらと事故との間に因果関係がなくても免責となる。

　③の「法令に定められた運転資格を持たない」は免許の効力の一時停止処分を受けている場合を含む。

　④については，麻薬等の列挙されたものの影響により「正常な運転ができないおそれがある状態で運転している場合」として，さらに限定している約款もある。

　人傷保険の免責事由で最も気をつけなければならないのは，⑤の酒気帯び運転免責である。道交法65条１項は，何人も，酒気を帯びて車両等を運転してはならないと規定しており，「酒気を帯びて」とは，社会通念上，酒気帯びといわれる状態をいうものであり，外観上（顔色，呼気等）認知できる状態であることをいうものと解されており，酒に酔った状態であることや，運転への影響が外観上認知できることは必要とされないと解されている（裁判例上，酒気帯び運転免責条項の約款解釈として，その形式的文言にかかわらず，酒気を帯びた状態での運転のうち，アルコールの影響により正常な運転ができないおそれがある状態での運転を免責事由とする趣旨であると制限的に解釈する「制限説」もあるが，文言どおり解釈すべきとする「非制限説」のほうが多いと思われる）。

　ただし，仮に運転者が酒気帯び運転で免責になったとしても，個別適用によって同乗者の負傷は免責とならない。

　⑥は，運転者が無断運転であれば，同人だけでなく，無断同乗者の被った傷害も免責となり，個別適用とはならない。保険契約者としては，無断運転者はもちろんのこと，無断同乗者についても保険保護を与える意思はないと考えられるからである。

　⑧は，前掲（(5)イ）の最高裁平成19年10月19日判決が出たことによって，この規定がないと被保険者の疾病によって生じた運行事故でも補償されることになってしまうため追加で規定されるように

なったものである。

### キ　支払保険金の算出方法，保険金の請求方法

対人・対物賠償責任保険については，通常，被害者が加害者の損保会社と示談交渉で合意すれば（または判決等で損害賠償額を確定させれば）損保会社が対人・対物賠償責任保険金を被害者に対する損害賠償金として支払うことから，被害者は支払保険金の算出や保険金の請求方法を意識することは比較的少ない。

これに対し，人傷保険は保険金額を限度として，人傷基準損害額（傷害，後遺障害，死亡に区分されている。損害額が自賠責保険で支払われる金額を下回るときは自賠責保険で支払われる金額とする。）に費用額（損害防止費用，権利保全行使費用）を加算した金額から自賠責保険金，支払われた対人賠償責任保険金及び労災保険の給付金等を控除した金額が支払われるものである。加害者がいる事故で判決又は訴訟上の和解において損害賠償額が算定された場合についての読替え規定が存在するものが多いが，約款はかなり分かりにくい。また，人傷保険会社が加害者に対する損害賠償請求権に代位する範囲の問題や，人傷保険金請求と加害者に対する損害賠償請求のいずれを先に請求したらよいのかという問題もある。詳しくは（IV章第3-2）をご覧いただきたい。

なお，約款上，傷害を被った際に既に存在していた障害または疾病が影響したとき等は，影響がなかったときの金額を支払うことになっている。

### ク　無保険車傷害保険との関係

無保険車傷害保険（IV章第3-3）参照）は人傷保険の発売後，変遷しており，今後もその可能性がある。

特約として残り，人傷保険により保険金が支払われないとき，又は人傷保険金が無保険車傷害保険金を下回るときに支払われるとして両保険を調整している約款もある。

これに対して，無保険車傷害保険を特約としてもなくし，人傷保

険の特則として無保険自動車の運行に起因する事故により人身傷害事故が生じ，後遺障害又は死亡に該当した場合は，保険証券記載の保険金額を2億円とするとしている約款もある（もともと保険金額が無制限のときは無制限）。ただし，被保険者の一定の親族や使用者等が賠償義務者となるときはこの特則は適用されない。

### ケ　健康保険の利用

　人傷保険では，傷害の治療を受けるに際して，公的制度の利用等により費用の軽減に努めなければならないことが約款で規定されているため（基本条項に記載されていることが多い），人傷保険会社からは健康保険の利用を求められる。もっとも，実務上は，被害者が自由診療で治療を受けたとしても人傷保険会社から支払を拒絶されることまではないといわれている。

（Ⅱ章第2-1／弁護士　垣内惠子）

## 2　損保会社の関与，一括払と非一括

### (1)　一括払いの種類

### ア　一括払い制度

　一括払い制度とは，加害車両に自賠責保険と任意保険が付保されている場合に，任意保険会社（対人賠償社）が本来ならば自賠責保険会社が支払うべき自賠責保険金部分を含めた保険金を一括して立替払いすることをいう。支払いをした対人賠償社は，その後，自賠責保険会社に対し，自賠責保険金部分の求償をする。

　加害車両に任意保険の付保がある場合，本来であれば，まず自賠責保険会社から自賠責保険金の支払を受け，自賠責保険金を越える損害がある場合には，対人賠償社から自賠責保険金を超える支払いを受けるべきである。

　しかし，同一の事故について，自賠責保険と任意保険についてそ

れぞれ請求手続きをとるのは極めて煩雑であるため，対人賠償責任保険契約をしている損保会社（対人賠償社）が，自賠責保険分も一括して立替払いを行っている。このことを一括払い制度という。後に述べる「人傷一括払い」や，いわゆる「健保一括払い」と区別するため，これを「対人一括払い」と呼ぶことがある。

### イ　医療機関への「一括払い」

「一括払い」が最も多く使われるのが，被害者の治療費についてである。被害者本人が医療機関に支払わずに，対人賠償社が直接医療機関に支払いを行うことについても，実務上「一括払い」・「一括取扱い」などと呼ばれている。

対人賠償社は，被害者から診断書・診療報酬明細書（レセプト）等を対人賠償社に提供することについての同意書の提出を受け，医療機関と一括払いの合意をするのが一般的である。この点について，対人賠償社と医療機関との間で行われる「一括払い」「一括取扱い」の法律上の性質について争われた大阪高裁平成元年5月12日判決は，「昨今交通事故の被害者の治療費の支払に関し任意保険会社と医療機関との間で行われている『一括払い』なるものは，保険会社において，被害者の便宜のため，加害者の損害賠償債務の額の確定前に，加害者（被保険者），被害者，自賠責保険，医療機関等と連絡のうえ，いずれは支払いを免れないと認められる範囲の治療費を一括して立替払いしている事実を指すにすぎず，立替払いの際保険会社と医療機関との間に行われる協議は，単に立替払いを円滑に進めるためのもので，保険会社に対し医療機関への被害者の治療費一般の支払い義務を課し，医療機関に対し保険会社への右治療費の支払い請求権を付与する合意を含むものではないと解するのが相当である。」と判示（判時1340号132頁）し，一括払いがいわば損保会社のサービスであることを明らかにした。

### ウ　人傷一括払い

#### ㋐　医療機関への「一括払い」

　損保会社による医療機関への立替払いは，加害車両に付保された損保会社によるもののほかに，被害者を被保険者とする人身傷害補償保険契約がある場合には，被害者側が契約する任意保険会社（人傷保険会社）が行う場合もある。

#### ㋑　人傷一括払い制度

　実務上，人傷保険会社は，保険金請求権者に対し，自賠責保険金分を含めて人身傷害補償保険金を支払う。このことを「人傷一括払い」という。

　人傷保険会社は，保険金請求権者へ人身傷害補償保険金を支払い後，加害車両に付保する自賠責保険会社から，自賠法16条１項に基づき，被害者に代位して自賠責保険金を回収する。

　また，人身傷害補償保険契約には，約款上，人身傷害補償保険金を支払った人傷保険会社は，支払った保険金の額の限度で，保険金請求権者が取得する債権を代位取得する旨の規定が存在する。かかる規定に基づき，人傷保険会社は，自賠責保険金を超える人身傷害補償保険金の支払いを行っている場合には，対人賠償社に対し求償をする。

　人身傷害補償保険では，約款上，保険契約者または被保険者が治療を受ける際には，健康保険等の公的制度の利用により費用の軽減に努めなければならないと規定している損保会社もあり，被害者は，人傷保険会社から治療にあたって健康保険の利用を求められることが多いので注意を要する。

### エ　健保一括払い

　交通事故における被害者の治療において，被害者が健康保険使用を選択することは可能である（昭和43年10月12日保険発106号，平成23年８月９日保保発0809第３号・保国発0809第２号・保高発0809第３号）。

　現実に，自由診療よりも健康保険を使用する場合の方が治療費が安く抑えられるため，被害者の過失が大きい事案や医療機関への一括払いを打ち切られた後にも通院を継続する場合などには，健康保険を使用しての治療を検討することがある。

　また，前述のように，人身傷害補償保険を使用する場合に，人傷保険会社から健康保険を使用するように求められることも多い。

　これらの理由で被害者が健康保険使用を選択した場合，被害者が負担すべき医療機関の窓口で支払う治療費（一部負担金）を対人賠償社や人傷保険会社が直接医療機関に支払うことを実務上「健保一括払い」と呼んでいる。

　しかし，健康保険法74条及び国民健康保険法42条では，健康保険を使用して療養の給付を受ける者は，医療機関等に一部負担金を支払わなければならない旨規定されているから，健保一括払いは，これらの法律に違反するので，もし損保会社から提案されても断るべきである。

　したがって，健康保険使用の際には，まずは被害者が一部負担金を立替えた上で，対人賠償社や人傷保険会社に対し，立替金の支払いを求めることとなる。

## (2) 記録の送付依頼

　依頼者から交通事故の損害賠償の相談を受けた際，まず，これまでの被害状況，特に治療状況を知ることは不可欠である。保険会社で一括取扱いをしている場合，依頼者は，治療費を払わず，医療機関と対人賠償社との間でやりとりされているため，医療関係の資料を何も持っていないのが普通である。そこで次のような方法で資料を収集する必要がある。

### ア　診断書・診療報酬明細書

　損保会社が被害者の治療費を立替払いする場合には，医療機関から，治療内容や診療点数を確認するため，経過診断書・診療報酬明

　細書，調剤報酬明細書などを請求書と一緒に送ってもらっている。賠償実務においては，損保会社は被害者から医療機関宛の同意書を受け取り，医療機関から診断書等の記録を入手しているのである。

　そこで，初診から治療終了まで（損保会社が治療費の支払を途中で打ち切っている場合には，立替払い終了まで）の診断書・診療報酬明細書等の写しの送付を損保会社に依頼する。自賠責保険会社へ被害者請求を行うにあたって，初診から症状固定までの診断書・診療報酬明細書の提出が必要となる場合にも，損保会社に記録の送付を依頼すれば，診断書・診療報酬明細書の写しの送付が受けられる。

### イ　診断書以外の記録について

　既に後遺障害の等級認定が出ている場合には，損保会社に対し，後遺障害診断書や認定結果票，交通事故証明書の写しの送付を依頼することが可能である。

　また，被害者が内払いを受けるにあたって，損保会社に提出したタクシーの領収書や休業損害証明書等の損害立証資料についても，写しの交付を依頼することが可能である。

　請求する損害内容に漏れがないよう，損保会社には，被害者本人が提出した資料も含め，全ての記録の送付を依頼することが重要となる。

### ウ　物損の記録について

　受任段階において，既に物損についての示談が成立している場合には，損保会社から物損の資料が送付されることはほとんどない。

　しかし，過失割合に争いがある場合には，車両の損傷の入力方向などが事故状況の立証の手掛かりになることがある。

　また，傷害の事故起因性や症状固定時期に争いがある場合には，双方の車両の損傷状況から被害者の身体にどのような衝撃が加わったのかを知ることができる。

　このように，物損の記録が人身損害の賠償請求に重要な役割を果たすことは少なくない。

　そこで，物損の記録も確認すべき事案である場合には，双方の車両の写真や修理見積書（請求書），損害調査レポートなどの送付も依頼し，内容を検討することが重要である。

　なお，損保会社によって記録の保管期間はまちまちである。症状固定までに長期を要した事案の場合，物損記録について処分される可能性もあるため，必要性を感じた場合には，早期に記録の送付を依頼するべきである。

### エ　治療費立替払い打ち切り後の診断書

　治療費について，損保会社が治療の途中で立替払いを打ち切っている場合には，打ち切り後の診断書や診療報酬明細書については，損保会社から記録の送付を受けられない。

　そのため，診断書や診療報酬明細書については，直接医療機関に作成を依頼する（文書料がかかるので，損害として計上する）。

　打ち切り後の治療費について，健康保険や労災保険を利用して通院をしていた場合には，健康保険組合や労働基準監督署から診療報酬明細書を入手することも出来る。


## （3）内払い請求

### ア　任意保険の付保がある場合

　被害者本人が全ての損害をいったん立替えることは経済的負担が極めて大きい。特に，人身事故の場合，治療費の負担が重くなることが多いため，加害車両に任意保険の付保がある場合，損保会社が被害者の治療費を直接医療機関へ支払う対応をしている。

　治療費以外にも，治療中には通院交通費や入院雑費などの積極損害が発生する。また，事故による入院治療中や受傷内容によっては通院治療中でも，休業を余儀なくされる被害者もいる。その場合には，積極損害や休業損害についての内払いを損保会社に請求する。これらの請求にあたっては，損保会社から損害立証資料の提出を求められるため，被害者と協力し，準備する必要がある。

　被害者側にも過失がある場合や損害立証資料の提出が出来ない場合には，損保会社から内払いを拒否されることがある。そのような場合でも，被害者が経済的に困窮していて早期の内払いの必要があるのであれば，慰謝料の内払いなど損害項目に捉われず，内払いに応じるよう粘り強く交渉することが重要である。

### イ　任意保険の付保がない場合

　加害車両に任意保険の付保がない場合，加害者側に対し，内払いの請求をすることになる。しかし，加害者側が対応しない場合や加害者側に資力がない場合には，加害車両が加入する自賠責保険会社に対し，仮払金請求や被害者請求を行うことが出来る。

#### (ア)　仮渡金請求

　仮渡金の保険金額は，死亡事案では290万，傷害事案では，傷害の程度に応じ，5万〜40万円である。

　当座の費用の請求の趣旨で支払われる保険金のため，仮渡金額は定額となっており，本請求と比較して被害者が用意すべき資料が少ない。具体的には，死亡事案では死亡診断書または死体検案書，傷害事案では診断書があれば，その他の損害立証資料の提出は不要である（但し，印鑑証明書，交通事故証明書や死亡事故での戸籍謄本などは必要である）。

　なお，支払いを受けた仮渡金は，後日，被害者請求の本請求が行われたときに差し引かれる。

　また，最終的に確定した損害額が支払済みの仮渡金よりも少額であった場合や加害者側に賠償責任がないことが判明した場合には，支払済みの仮渡金を返金しなければならない。

#### (イ)　被害者請求

　被害者は，治療の継続中であった場合にも，立替金について被害者請求（自賠法16条1項）を行うことが出来る。その場合には，診断書の他に，診療報酬明細書，交通費明細書，休業損害証明書などの損害立証資料を自賠責保険会社に提出することが必要となる。内

払いを受けられる傷害分の自賠責保険金額は120万円が限度である。

**ウ　金員仮払い仮処分について**

　損保会社や加害者が内払いに応じない場合や自転車が加害車両で自賠責保険金の被害者請求も出来ない場合には，「民事訴訟の本案の権利関係につき仮の地位を定めるための処分」（民事保全法１条）である金員仮払い仮処分も方法の一つである。

　「仮の地位を定める仮処分命令は，争いがある権利関係について債権者に生ずる著しい損害又は急迫の危険を避けるためにこれを必要とするときに発することができる。」（同法23条２項）とされており，加害者（特に加害者側任意保険会社）が医療費を支払わないようなときに有効である。ここで以後の話し合いのルールも決められることも多く，活用すべきである。

　「仮払い仮処分は，口頭弁論又は債務者が立ち会うことができる審尋の期日を経なければ，これを発することができない。」（同条４項本文）とされているため，申立てがされると，裁判所は，加害者側である債務者を呼び出し，審尋期日を経ることになる。実務上，加害者側の損保会社も出席するので，期日において裁判所を介して話し合いが行われることになるため，当面の内払いを含めた和解が成立することも少なくない。

　和解が成立しない場合であっても，裁判所から決定が出されるので，加害者側は内払いすることになる。

（Ⅱ章第2-2／弁護士　五十嵐佳子）

# 損害の積算

## 第1　証拠資料の精査

### 1　医療費

　治療費の請求の際にはもちろん，人的損害に関し，慰謝料を請求する場合にも，その前提となる損害費目である。

### (1) 診断書

　診断書とは，医師のみが作成することが出来る書類であり，症状や診断内容，治療内容等を証明するものである。

　医師以外のものが作成することは出来ない。

　ごく稀にではあるが，柔道整骨院（接骨院）が，診断書と題する書類に診断名などを含めて記載をしてくることがあるが，柔道整骨院（柔整）は，診断書を作成することが出来ない。もっとも，柔整が作成した診断書と題する書類の中の通院日等については，その書類のタイトルが，診断書となっていたとしても，立証は可能であると考えられる。

#### ア　記載されている内容（要証事項）

　診断書には，通常，患者名・住所・生年月日等，患者を特定する事項のほか，傷病名，症状などの記載があり，最後に，診断書作成日と診断書作成者に関する記載がある。

　他方，自賠責保険用の診断書には，上記の点の他に，治療開始日，治癒見込み日，受傷日，初診時の意識障害の有無，既往症関係，後遺障害関係，入院日数等，通院日数等，ギプス固定期間等，付添看護を要した期間，診断日，今後の経過（治癒・継続・中止等）の記載欄がある。

　これらを立証するものが，診断書である。

　なお，通常の診断書を作成してもらう場合でも，症状等の要証事項によっては，自賠責保険用の診断書に記載されているレベルの記

載を求める必要があることもある。

　もっとも，カルテ等の診療録を取り付ければ，症状を把握することが可能である。

### イ　取り付け方法

#### ㋐　一般的な診断書の場合

　この場合，被害者である患者が，医療機関に請求すればよい。

　なお，交通事故で通院する場合，医療機関側が気を利かせて，「自賠責用の診断書ですか？」等と聞いてくることがある。この場合，後記のとおり，費用の問題もあることから，要証事項に応じて，適宜，対応を決める。

　具体的には，警察に提出する診断書については，いわゆる一般的な診断書で全く問題ない。

　他方，自賠責保険へ被害者請求をする場合には，通常は，自賠責保険用の診断書が必要となる（ただ，これについても，一般的な診断書で代用は可能である。）。

　更に，診断書によって，治療状況の詳細を把握する必要があるような場合も，自賠責保険用の診断書の方がベターである。もっとも，この場合で，加害者側が任意保険に加入しており，その任意保険会社が治療費を直接，支払ってくれているときは，そもそも，その任意保険会社が自賠責保険用の診断書を取り付けるので，その診断書の写しの提出を求めれば足りる。よって，新たに診断書を取り付ける必要はない（治療費を支払わないとされた期間以降の分は，別。）。

#### ㋑　自賠責保険用の診断書の場合

　この場合，被害者である患者が，医療機関にて，「自賠責保険用の診断書をください」ということから始めることとなる。

　すなわち，①自賠責保険用の診断書は，その医療機関によっては用紙がないことがある。もし，用紙がない，という回答を得た場合には，自賠責保険用の診断書の用紙を取り付ける必要がある。

　他方，②医療機関側にて自賠責保険用の診断書の用紙を持っている場合や，前記①にて自賠責保険用の診断書の用紙を渡せる状態となっていた場合であっても，「当医院では，自賠責保険用の診断書は作成していません。」と言われることもある。例えば，健康保険を利用して通院している場合，医療機関側から自賠責保険用診断書の作成を断られる可能性があるということである。すなわち，そもそも医療機関には，診断書の作成を求められた場合，診断書を作成する義務はあるものの，診断書の書式は法定されていない。そこで，「自賠責保険用の診断書」を作成する義務は医療機関にはない。よって，医療機関によるものの，健康保険を利用して通院している場合等においては，「自賠責保険用の診断書」の作成を拒絶されることもある。その際には，過失が大きいため医療費負担を小さくしたいので健康保険を使わざるを得ないが，自賠責保険用の診断書にしてほしい等と医療機関に説明し，粘り強く作成をお願いする，あるいは，医療費の一部を自由診療にするといった方法もある。このような場合，加害者側損保会社とよく相談して，対応策を考えるのがよい。ところで，「自賠責保険用の診断書」を作成してもらう趣旨は，前記記載の要証事項を立証するためであり，決して，その様式でなければならない，という訳ではない。よって，「自賠責保険用の診断書」を作成してもらうことが出来ないという場合には，用紙は一般の診断書に作成してもらうこととした上で，裁判所等に立証したい事項について，個別に一般の診断書に記載をしてもらうという方法もある。よって，このような方法を検討することで医療機関との無用のトラブルを避けることが出来る。

　なお，被害者請求等で，自賠責保険へ後遺障害の等級認定を求めるような場合においては，後遺障害診断書も自賠責保険用の後遺障害診断書にするのが通常である。しかしながら，医療機関がその記載を拒絶してきたような場合（健康保険を利用している場合等）には，後遺障害診断書にて立証したい事項を記載した一般の診断書を

提出してもらうことで代用可能である。具体例としては，手関節の可動域制限が残存しているというのであれば，一般の診断書に，傷病名，受傷日，自覚症状，及び，関節機能障害についての事項（関節名・運動の種類・他動の角度（左右）・自動の角度（左右））などを記載してもらう等の方法である。

**ウ　注意点**

**㋐　費用についての注意点**

医療機関によって異なるものの，一般の診断書は，1通あたり3000円〜7000円程度で，5000円程度が多い。

他方，自賠責保険用の診断書については，1通あたり5000円〜2万円程度で発行してもらうことが出来るが，1万円程度が一般的である。

更に，例えば，1月から6月まで通院したような場合，一般の診断書の場合には，1通で全ての期間に対応する診断書を作成してもらえることが多いが，自賠責保険用の診断書の場合，病院側の一ヶ月毎の請求の期限の便宜から，一ヶ月あたり1通の診断書を作成されることが多い。なお，必要に応じて，数か月分を一括して記載してもらうこともある。

**㋑　記載内容についての注意点**

**a　誤記の可能性**

診断書が作成され，それを取得したからと言って，その内容を鵜呑みにすることは，避けるべきである。

医師も誤記をする可能性（特に，通院日数等）がある。

よって，診断書については，どのような方法で取り付けた場合であったとしても，一度は代理人としてきちんと自ら内容を確認する必要があるし，依頼者＝被害者＝患者にも，その内容を確認をしてもらうとよい。

**b　傷病名をしっかりと確認すること**

まず，傷病名についても誤記の可能性がある。例えば，右手関

節と左手関節等，右と左の書き間違いは，稀にではあるが見られる。よく確認するべきである。

　また，他にも，依頼者＝被害者＝患者が主張している症状と傷病名が合致していないこともある。

　更に，診断書記載の傷病名が，突然，変わることもある。傷病名の変更については，症状が無くなったことによって，その点についての傷病名が無くなったということであれば，傷病名を記載した上で「治癒」とされるべきであり，それで足りるが，そうでない場合には傷病名が無くなった事情を確認する必要がある。

　また，「○○の疑い」という記載がある場合も注意が必要である。例えば，「神経根損傷の疑い」という傷病名のまま，症状固定に至った場合，「神経根損傷」の確定診断は結局受けられていないと判断される可能性が高い。よって，「疑い」が付けられている場合には，早期に確定診断を受けるよう，依頼者＝被害者＝患者から，医師へ伝えてもらうようにするべきである。

c　特別な傷病名が記載された場合（CRPS，RSD，低髄液圧症候群，高次脳機能障害（びまん性軸索損傷等も含む），腱板損傷等）は，参考書にあたるなどして最低限の知識を身につけて対応すること

　骨折や，捻挫，打撲に関連する傷病名であれば，身近に経験したことが多いであろう。よって，この点であれば，それなりにイメージも湧きやすいし，何よりこのような傷病名であれば，よほどの軽微事案等，特殊な事案でない限り，保険会社側も傷病名を否認することはあまりない。

　しかしながら，特別な傷病名，具体的には前記記載のような普段聞き慣れない傷病名が記載されている場合には，その内容について，弁護士も自ら勉強をして保険会社側の担当者や，保険会社側の弁護士と同レベル程度の知識を有するよう努力をするとよい。このような特別な傷病名の場合には，①そもそも保険会社として

否認してくる確率が高いこと，②傷病によっては診断基準すら確立していないことも多いこと，③傷病によっては医師が（誤診とは言えないまでも）安易にその傷病名を付けている場合もあり得ることから，本当にその傷病名を前提として，進めることが出来るのか，よく検討するべきである。

ただ，診断名を変えることはできないであろうから，被害者の訴える実際の症状をしっかりと聞きとり，それをもとに主張を整理することになる。

### d 事故後，しばらくしてから記載されるに至った傷病名については，カルテ等をきちんと取り付け，事情の確認をすること

例えば，事故後すぐに医療機関に行き，付けられた傷病名があるにも関わらず，事故から数ヶ月後に，新たな傷病名が付けられることや，事故後，一定期間が経過してから病院に行き，傷病名が付けられることもある。おそらく，事故当初は気づかれなかった傷害，あるいは，被害者が我慢していた症状が，しばらくしてから悪化したような場合であろう。

このような場合には，十分な事実の確認が必要である。

すなわち，まず，一般論としては，整形外科的には身体的なダメージは事故直後が最も重いとされるから，事故からしばらくしてから症状が重くなるということは，通常，考えられないとされている。そうであるとすれば，事故当初気づかれなかった傷害というのは，通常は考えにくい。また，事故後，別件で受傷する可能性も十分ありうる。よって，それなりの特殊事情がないのであれば，保険会社は，事故後，しばらくしてから記載されるに至った傷病名については，否認してくることが多い。

そこで，このような場合には，事故後，被害者がどのような生活をしていたか，あるいは，どのような治療を受けていたかを確認するため，カルテ等を取り付け，医師等への患者の主訴が何か，その内容が一貫しているか，更にはその患者＝依頼者の説明して

いる事情と矛盾がないか，等をしっかりと確認する必要がある。

## (2) 診療報酬明細書（レセプト）

　診療報酬明細書（レセプト）とは，治療費を算定する上で，必須の事項が記載されている書類である。また，時として，カルテよりも得たい情報が記載されていることがあり，重要な書類である。よって，事案によっては診断書やカルテよりも，レセプトを，詳細に確認する必要があることもある。なお，本来のレセプトの作成目的は，治療費の妥当性を，後日，検証することが出来るようにするためというところにあるが，事案によっては，それ以上の情報（例えば，具体的な治療内容等）を提供する書類であり，重要な書類である（詳細については，後記ウ(イ)参照）。

### ア　記載されている内容（要証事項）

　いわゆるレセプトと呼ばれているものに記載されている内容は，氏名，区分（対応した治療内容の概論），名称（対応した治療内容，すなわち手技や投薬についての詳細），数量，点数，回数，診察日，該当月，傷病名，受傷日，診療期間，治療費の額，入院している場合には，入院日や退院日，入院中の診療内容が記載されており，また，治療費について誰が支払っているのか（もしくは支払う予定なのか），健康保険や労災が利用されているのか等が記載される。

### イ　取り付け方法

　これについては，医療機関に，個別に依頼をする必要があるが，依頼の方法としては，自賠責保険用の診断書と同様である。

　加害者側損保会社が治療費を直接払いしてくれている場合には，損保会社が診療報酬明細書を取り付けているので，その写しをもらうことで足りる。なお，医療機関に診療報酬明細書の用紙を渡せば，有料ではあるが発行してくれる。

### ウ　注意点

#### ㋐　費用についての注意点

　診療報酬明細書は有償である。そして，診療報酬明細書作成費用については，1通あたり3000円～7000円ぐらいの医療機関が殆どであろう。

　しかしながら，決して小さな金額ということが出来るものではないため，上述の如く損保会社からコピーをもらうなどして，無償のもので対応することを検討するべきである。

#### ㋑　記載内容についての注意点

##### a　1点あたり単価の問題（10円，12円，20円～30円）

　ほとんど全ての医療機関は，治療費を算定するにあたって，対応した治療内容に応じて点数を算出し，その点数に一定の指数を乗じた金額を治療費として算定している。

　つまり，例えば，風邪などで，1000点分の治療をして健康保険を利用したとき，医療機関は1点10円として計算することとなっているため，医療費は1万円となる。被保険者が3割負担をする一般的な健康保険の場合，患者は窓口で3割に該当する3000円を払い，その後，医療機関は健康保険組合に7割である7000円を請求し，健康保険組合がその7000円を医療機関に支払うのである。

　健康保険を利用しなかった場合，すなわち自由診療の治療費については，健康保険のような制度はない。

　すなわち，交通事故の場合は，第三者の行為に基づく傷害であるから相互扶助の健康保険を使わせるべきではないとか，また，加害者側が自賠責保険や任意保険に加入していること等から，健康保険を利用した通院ではなく，いわゆる自由診療にて通院をしていることも多い。自由診療の場合，1点あたりの単価が健康保険と異なり，多くの医療機関は，1点あたり15円～20円として積算することが多い。そうすると前記1000点分の治療をした例で検討するに，1点あたり15円～20円となるので，治療費の総額は1

万5000円〜2万円となる。しかも，この金額を相手方損保会社が直接，払ってくれている場合にはまだしも，そうでない場合には患者＝被害者が，窓口で1万5000円〜2万円を負担することとなる。先ほどの健康保険を利用した場合の例と比較すれば分かるとおり，この場合，窓口での負担金は，3000円から1万5000円〜2万円へと増額されたような外観が残り，実に約5〜7倍の負担となる。この金額は決して小さくないから，加害者側の損保会社が直接支払ってくれていない場合には健康保険を利用することを勧めることも考えなければならない。また，1点あたり，20円ではなく，25円〜30円の費用を請求する医療機関もあるため，この点については注意をするべきである。

　さらに，この1点単価問題は，相手方損保会社が直接払いをしてくれていたとしても，被害者に過失がある場合にも影響する。すなわち，当然のことではあるが，被害者に過失がある場合，治療費についても，被害者の過失割合が乗じられることとなる。そうすると，被害者側の過失が3割認められる場合で，健康保険を利用していないときには，1万円の3割に相当する3000円を自己負担したことと同じ結論となる。この点からしても，健康保険の利用を検討する必要がある。

　その上，この1点単価問題は，相当因果関係が認められる治療費の問題に波及することもある。すなわち，上記の例の場合，健康保険を利用すれば合計1万円の治療費で済んだところ，被害者が健康保険を利用しないことによって2万円の治療費となったことについて，加害者側から相当性について争われる，ということである。この点については，多数の裁判例があるが，東京地判平成25年8月6日判決（自保ジ1905号17頁）は，結論としては，交通事故の場合，最も多いであろう頸椎捻挫・打撲関係のような軽傷事案においては，治療費の算定に当たって健康保険基準（＝1点あたり10円）で積算したもののみが事故と相当因果関係を有す

る損害であると認定したこと（但し，この裁判例は，被害者（患者）と保険会社との一括払いの合意のみがあり，患者と医療機関の合意がなかった，という点もポイントとなっている）が参考になろう。なお，かかる結論については，加害者側損保会社が，直接，1点20円を認めて医療機関へ治療費を支払っていた場合でも異ならないとした裁判例もある。よって，「加害者側損保会社が医療機関へ治療費を支払ってくれていることから，1点20円を認めてくれているので問題はない」と判断することは出来ないのである。

　この点については，多くの裁判例が適宜，判断をしており，1点20円でも問題はないとした裁判例も少なくない。しかし，最近の裁判例の多くは1点10円〜15円ぐらいとしており，主流としては，健康保険基準または労災保険基準もしくはこれらに準じるものを相当因果関係があると判断しているように思われる。よって，結論としては，加害者側損保会社が直接払いをしてくれない場合や，被害者にも過失が認められる場合にはもちろん，そうでない場合にも，健康保険利用の検討をすべきであり，健康保険を利用しないことについてのリスクを理解するべきである。

　なお，医療機関によっては，交通事故の場合には健康保険を利用することが出来ません等と言ってくる場合もあるが，交通事故であったとしても，健康保険を利用することは出来る（なお，健康保険を利用した場合，自賠責保険用の診断書を記載してもらえない可能性があり，その場合の対応方法については，本章第1-1(1)イ(イ)を参照。）。

　ただ，いわゆる労災保険を利用することが出来る場合，すなわち，仕事中の事故であるとか，通勤等の間に発生した事故の場合には，労災保険を利用することになり，健康保険を利用することは出来ない。よって，そのような場合には，医療費に関しては労災保険を利用するべきである。

## b　「摘要」に記載されている内容

　レセプトには，「摘要」に，具体的な治療内容が記載されている。症状固定時期が争点となりうるような事案においては，よく確認をするべき箇所となる。

　すなわち「症状固定」とは，症状が一定し，治療を継続しても改善の見込みがない状態をいうとされている。症状が一定しているかどうかについては，いわゆる頚椎捻挫・打撲等の場合，他覚的所見もなく，客観的な評価が難しい。そうするとポイントとなるのは，被害者の訴え（自体）が継続していたか，治療内容に変遷があるか，ということである。つまり，治療内容が時期に伴って変わっていっているのであれば，当然，症状が変わっていっており，一定しているとは言えないと判断されることとなる。逆に言えば，治療内容がしばらくの間，同じことを繰り返しているだけという場合には，その治療の内容や傷害の内容にもよるが，症状が一定となってきているのではないかと推測されるものである。

　頚椎捻挫・打撲関係において，よく見られるものとしては，事故から２，３ヶ月後～６ヶ月の間の治療内容が，「リハビリ」と「投薬（処方箋の発行）」を継続しているだけで，しかも，リハビリの内容と投薬の内容に変更がない，というようなものである。このような場合には，６ヶ月後に，治療が終了し，治癒したというときには，それほど大きな問題が生じることはないと思われるが，その後も通院を継続し，しかも，その後の内容にも変更がないということとなると，事故から６ヶ月程度で症状固定の判断がなされることもよくある。

　よって，この点については，十分に確認する必要がある。

　もし，担当弁護士が，治療を継続しているときから受任をしているのであれば，適宜，損保会社側からレセプトを取り付け，治療内容について把握をした上で，患者と医師にこの点についての相談をさせ，治療方針としての妥当性の検討や治療の経緯，今後

の治療方針，現在の治療内容に基づく治療期間の目処を設け，新たな治療方針を模索する等，適宜，対応をさせる必要がある点に注意が必要である。

## (3) 鍼灸マッサージ施術証明書

多くの場合，施術証明書兼施術費明細書というタイトルで作成されるもののことを指している。自賠責保険の様式では，「施術証明書兼施術費明細書」とされているものであるが，柔整などが任意に発行する証明書も，タイトルが異なる場合もあるが，それほど大きな違いはない。いずれにせよ，柔整や，針灸師の施術を受けた場合に発行されるものである。

### ア　記載されている内容（要証事項）

施術証明書兼施術費明細書には，施術の種類，患者氏名等，初検日，負傷日，施術期間，施術実日数，転帰，負傷名及び部位，施術開始日，施術終了日，負傷の経過，施術内容，施術費の金額，通院日等についての記載がなされる。

これによって，被害者が，柔整などにて，どの部分につき，いつ，どのような施術を受け，いくらの施術費用がかかったのか，という点を立証することが出来る。

### イ　取り付け方法

通常は，柔整に，施術証明書兼施術費明細書を記載してもらう。

ただ，診断書と同様に，加害者側損保会社が直接払いをしている場合には，加害者側損保会社が取り付けていることから，その写しの提供を受けることが出来る。

### ウ　注意点

#### ㋐　費用についての注意点

この点については，診断書等とは異なり，一般的な柔整は，施術証明書兼施術費明細書発行手数料について，自賠責保険の様式であるからという理由で，増額してくるケースは，それほどないと思わ

れる。

　よって，費用については，診断書等とは異なり，それほど，気にする必要はない。

　通常は，１通あたり3000円〜7000円程度といわれている。

　ただ，労災保険や健康保険を利用している場合には，すでに労働基準監督署や健康保険組合に提出されている類似の書類がある。そして，その開示を求めることが出来れば，費用については，上記費用よりも，明らかに少ない金額となる。よって，労災保険や健康保険を利用している場合には，労働基準監督署や健康保険組合に連絡して，その書類を取り付ければ良い。

### (イ)　記載内容についての注意点

#### a　必要性／相当性の問題（赤い本講演録）

　この点についての詳細は，赤い本平成15年版の「東洋医学による施術費」や，同平成30年版「整骨院における施術費について」に記載されているため，詳細についてはそこに譲るものの，結論としては，柔整の場合，そもそも，その施術自体が事故と相当因果関係を有するかどうかという点から争われることも多く，また，結論として柔整での施術自体が事故と相当因果関係がないと判断した裁判例が多数，存するということである。

　すなわち，前記赤い本を要約すると，①施術の必要性，②施術の有効性，③施術内容の合理性，④施術期間の相当性，⑤施術費の相当性について，主張・立証が必要であると記載されている。

　そして，いずれの要件も決して容易に立証可能であるとは言い難い。

　よって，被害者が柔整への通院をしており，施術証明書兼施術費明細書が来たような場合には，これらの点について，主張・立証が可能であるかどうかについて，よく検討する必要がある。

　なお，この点についても，前記医療機関での治療費についての１点単価問題と同様，加害者側損保会社が直接払いしていること

から，自動的に，相当因果関係が認められるという結論にはならない点に注意が必要である。すなわち，加害者側損保会社が，事故当初は，柔整治療を認め，施術費用を直接払いしていたとしても，その後，訴訟になったような場合に，この点を撤回し，否認してくることも考えられ，その主張自体は信義則違反であるとも判断されない。よって，そのような場合には，一から必要性・相当性について，前記赤い本講演録に沿って，主張・立証をする必要があり，これが出来ない場合には，加害者側損保会社の支払の事実は認められるため，既払い金（＝損益相殺）の対象とはなるものの，施術費用が認められない，という結論，つまり，被害者＝患者からすれば，慰謝料等から施術費用を支払った，というイメージの結論になることもあるので，要注意である。

　しかも，加害者側損保会社が直接払いしたとしても，その後の事情如何によっては，加害者側損保会社がその施術費用について過払いであるとして，返金（不当利得返還）の請求をしてくる事案もある。

　よって，この点については，受任前の法律相談の時点から，柔整に通院しているのか否か，通院している場合，その費用はいくらでどのような基準で施術費用が積算されているのか等を，よく確認することが重要である。

### b　単価についての問題（健保基準，自由診療基準）

　柔整の施術についても，健康保険利用が認められるが，その計算方法は医療機関とは異なる。受領委任払いという。但し，詳細は複雑なので説明は省略する。端的に言えば，健康保険を利用した場合の窓口負担金は，一回あたり500円前後が多く，湿布等の提供（自由診療部分）があったとしても，せいぜい数千円である。

　他方，自由診療の場合，一回あたりの費用について，その内容にもよるが，1万円を超えることもよくある。

　そして，通院頻度や部位数との関係にもよるが，1ヶ月あたり

　の施術費用が，20万円を超える事例も，決して珍しくはない（執筆者の経験では，1ヶ月あたりの施術費用として，50万円を請求されている事案もあった。）。

　他方，このような費用が，前記赤い本講演録の基準に照らして損害として妥当であると判断される可能性は非常に低い。

　よって，施術証明書兼施術費明細書を取得した場合には，1日あたりの費用を計算し，今後の対応について，十分に気をつける必要がある。早期に，健康保険への切り替えを検討するべきである。

### c　頻度についての問題（医師の判断を仰ぐこと）

　すなわち，柔整に通院すると，時として柔整は，出来るだけ毎日通院した方がいい，と言ってくる場合がある。

　しかしながら，症状緩和のために毎日通院しても前記赤い本講演録の基準に照らした場合，ほぼ毎日の通院は認められないことが多いであろう。

　治療というレベルが必要なときは医療機関へ，その後，必要性があるときは柔整へ，ということになるが，医療機関が柔整への通院を勧めることはまずないと考えた方がよい。

　結局，柔整費用については，損保会社の出方次第となるが，後に訴訟等となった場合，前述のように柔整費用が否認されたり，大幅に減縮されたりすることがある。よって，このことを事前に依頼者に説明しておくべきである。

## 2　休業損害

　休業損害とは，事故によって休業をしたことにより，休業期間中に得べかりし利益を喪失したことによる損害である。

　これを立証する場合には，通常は，休業損害証明書，賞与減額証明書等を提出する。

## (1) 休業損害証明書

### ア　記載されている内容（要証事項）

　休業損害証明書には，職種，氏名，採用日，休業した期間，休業の内訳，休業した日にち，その部分についての給与の支給の有無，事故前三ヶ月間の給与の明細，労災保険等の利用の有無が記載され，最後に，発行者の記名捺印がなされる。

　不慣れな会社の担当者の場合には，適宜，記載方法を説明することになる。

### イ　取り付け方法

　被害者から，被害者の勤務先（アルバイト，パート先）に書類を提出し，記載をしてもらう。

### ウ　注意点

#### ㋐　内容についての注意点

　書式を確認すれば誰でも書くことができるようになっているし，特に2020年3月に改訂された休業損害証明書の場合，自賠責保険から取り付ければ記載方法についての説明書も添付されている。

　有給使用の場合，あるいは半休や早退遅刻の場合には，詳細の記載が必要である。

#### ㋑　計算方法についての注意点（自賠責保険の積算方法と，それ以外の積算方法）

　休業損害の計算方法には，いくつか方法があるが，典型的なものは自賠責保険における積算方法である。

　具体的には，事故前3ヶ月間の本給と付加給の合計額を，90日で割り，その金額を休業日数に乗じるというものである。

　問題は，乗じられる休業日数であるが，一定の期間，すなわち連続して休業をしているような場合には，このような計算方法にて積算してもそれほど大きな影響はない。なぜなら，元々の計算において土日祝日が含まれているが，乗じられる休業日数についても期間で見ることから土日祝日が含まれているからである。

　しかしながら，飛び飛びで休業をしているような場合，例えば通院する日だけ早退をする等の場合には，この計算方法で行うことは妥当でないことが多い。なぜなら，飛び飛びで休業をしているような場合，対象となる休業日数は，当然のことながら，平日のみである。しかしながら，日額の単価の積算の時点は土日が含まれているということなるから，7分の5の割合で結果が減額されてしまうからである。

　よって，このような場合には，元々の日額単価を積算する際に，事故前3ヶ月間の本給と付加給の合計額を，事故前3ヶ月間の稼働日数の合計で割り，実際の稼働日の休業損害を積算するとよい。

㋒　有給休暇使用について

　有給を使用した場合も，休業損害を請求することが出来る。

　これは，その理由付けについて種々の議論があるものの，一般的には，別の機会に取得することが出来た有給休暇を，この事故のために消費したことから損害が発生すると考えられている。

　ただ，使途を限定した有給休暇，例えば，傷病有給休暇（傷病の際は本来の有休休暇とは別に付与される）のようなものの場合には，認められないこともある。

㋓　アルバイトや自営業の場合

　アルバイトや自営業の場合，前記休業損害証明書は，本来なら出勤予定日であった日などを立証し，作成してもらうべきである。可能であれば，シフト表等，事故日までの勤務状況の立証や，事故日以後の出勤予定日を立証する資料を添付してもらうことが出来れば，より詳細な休業損害の立証が可能となろう。


## (2) 賞与減額証明書

　前記休業損害証明書は，いわゆる給与の減額を立証する書類である。しかし，従業員の場合，ボーナスが支給されることが普通で，ボーナスは，会社の利益の配当の側面とは別に，給与の後払いの趣旨が含ま

れている。よって，事故によって休業をすれば，このボーナスが減額されることがある。

そこで，このような場合には，賞与減額証明書を勤務先から取り付け，立証をすることとなる。

なお，同書は，一般的な自賠責保険の請求書類一式には含まれないので，適宜，会社に依頼して作成してもらうことになる。

### 3　通院交通費

通院に要する交通費は，事故と相当因果関係を有する損害である。それに必要な書類が，通院交通費明細書である。

### (1) 通院交通費明細書

#### ア　記載されている内容（要証事項）

記載事項は，作成日，事故日，被害者名，書類作成者名，通院先，日にち，通院方法（交通手段），及び，金額算定の根拠となる事情である。

#### イ　取り付け方法

被害者自身が作成する。

### (2) 自家用車

#### ア　金額の算出方法

自家用車を利用する場合，1 Kmあたり，15円で積算することが通例（自賠責保険による支払基準参照）となっている。

もちろん，当時のガソリン代や利用した車両の燃費によって，1 Kmあたり，15円を超えることもあれば，下回ることもあろうかと思うが，実務は，上記運用が定着している。

#### イ　距離の問題

この点が争われるケースはそれほど多くはないものの，明らかに合理性を欠くルートでの通院は，否認されることもあるだろう。

　もっとも，最近は，Google等で，「出発地から目的地まで，車で」と入れれば，いくつかのルートが出されるので，それを参考にするのが，簡易かつ明瞭であろう。

### ウ　駐車場代

　駐車場代も事故と相当因果関係を有する損害である。

　駐車場代の立証は，領収証が必須である。

## (3) タクシー利用

### ア　金額算出方法

　症状によって公共交通機関を利用することが出来ないと立証出来れば，タクシー代も事故と相当因果関係を有する損害である。

　なお，金額算出はタクシーに支払った料金そのものであり，領収証にて立証をする。

### イ　相当因果関係の問題

　前記記載のとおり，タクシー代が事故と相当因果関係を有するというためには，少なくとも「公共交通機関での通院が出来ない」ということを立証する必要がある。

　例えば，足を骨折している等の事情があれば，通常，タクシー代も認められるが，いわゆる頚椎捻挫・打撲関係でタクシー代が認められるケースは稀と考えるべきである。

### ウ　注意点

　近時，GPSの制度が上がっており，タクシーの領収証に，GPSの位置情報が記載されていることがある。よって，その場合には，出発地と到着地が客観的に明らかになることがある。

## (4) 自転車・徒歩

　自転車・徒歩で通院したような場合には，これに費用はかからないので，通院交通費としての請求は出来ない。

　ただ，近時，自転車置き場に費用を要することもあり（いわゆる駐

輪場代），その場合には，駐車場代同様，別途請求が出来る。領収証
が必要である。

（Ⅲ章第1-1,2,3／弁護士　稲葉直樹）

## 4　逸失利益

### (1) 逸失利益

　逸失利益には，後遺障害逸失利益と死亡逸失利益とがあるが，それ
らの各意義や算定方法の詳細については，本章第2のほか，赤い本，
青本等を参照されたい。

　ここでは，後遺障害逸失利益の算出要素である労働能力喪失率の前
提としての後遺障害等級に関する「後遺障害等級認定票（後述(3)）」
や「後遺障害診断書（後述(4)）」の精査のポイント，給与所得者の基
礎収入において将来の昇給を主張する場合に注意すべきポイント（後
述(5)），死亡逸失利益のうち「年金収入」を主張する場合に注意すべ
きポイント（後述(6)）につき，順次，解説する。

### (2) 後遺障害の意義と基礎的な医学知識

#### ア　後遺障害とは「傷害が治ったとき身体に存する障害をいう」 （自賠法施行令第2条1項2号）。

　ここでいう「障害」とは，負傷又は疾病（以下「傷病」という。）
が治ったときに残存する，当該傷病と因果関係を有し，かつ，将来
においても回復が困難と認められる精神的又は身体的な毀損状態で
あって，その存在が医学的に認められ，労働能力の喪失を伴うもの
指す。

　この定義は，昭和50年9月30日付労働省労働基準局長通達（基発
565号。以下「労災認定基準」という。）別冊「労災保険（労働者災
害補償保険）における障害の等級認定の基準」の定義であるが，自
賠法16条の3で定める自賠責保険金支払基準（平成13年金融庁・国
土交通省告示第1号）では「等級の認定は原則として労災認定基準

に準じて行う」と定められているので，交通事故賠償実務においても後遺障害の認定は労災認定基準に基づいてなされている。

　労災認定基準は，昭和51年に「労災補償障害認定必携」という書物として労働福祉共済会（現・労災サポートセンター）から発刊され，基準の改定とともに改訂され現在に至っており，交通事故による後遺障害事案を取り扱う実務家には必携の書であるが，記載されている基準の意味を理解するには，医学的知識が必要である。この点，法律家による解説書もあるが，まずは医学生向けの教科書を手元に置いて用語や内容を参照する方がよい。深く理解するためにはさらに医学辞典や踏み込んだ当該分野の医学書が必要となることもある。

　等級認定は，認定基準に当該事案を当てはめて認定等級を決める三段論法なのであるから，認定基準を正確に理解することは大前提である。

## イ　「治ったとき」すなわち「症状固定」とは

　傷病が「治ったとき」すなわち「症状が固定」したときとは，傷病に対して行われる医学上一般に承認された治療方法（以下「療養」という。）をもってしてもその効果が期待し得ない状態（療養の終了）で，かつ残存する症状が自然的経過によって到達すると認められる最終の状態（症状の固定）に達したときをいう。

　ここで，注意が必要なのは，臨床上治療が継続していても，その治療による改善が見込めないときには「症状固定」と判断されるという点である。

　例えば，外傷性てんかんでは将来にわたって抗てんかん剤を服用し続ける場合があるが，服薬継続によって発作が抑制されているに過ぎない場合は「症状固定」となる。また，打撲等の傷害に対し治療開始後長期経過してもなお患者の痛みの訴えが継続しているが対症療法として湿布薬が処方されているだけといった場合等にも，改善が見込めないとして「症状固定」の判断がなされる場合がある。

## (3) 後遺障害等級認定票（略称：等級認定票）

### ア　自賠責調査事務所による認定等級の確認と理由の精査

#### (ア)　等級の確認

　後遺障害事案では，実務上，損害保険料率算出機構（略称：損保料率機構）の内部組織である自賠責損害調査事務所によって後遺障害の等級認定を受けるのが通常であり，認定結果（等級）は認定理由とともに等級認定票に記載される。

　裁判実務では，自賠責の等級認定がある場合，特段の事情のない限り，等級に見合った労働能力喪失率と慰謝料の額について一応の立証ができたとものとして扱われており，裁判では後遺障害事案では等級認定票を書証として提出することが求められている（別冊判タ38号第11頁(3)ア(イ)参照）。

　ただし，例えば外貌醜状や歯科補綴のように後遺障害の内容によっては，労働能力喪失率につき認定等級以下の判断がなされる場合があるので，この点は注意が必要である。このような類型については，青本に裁判例の紹介があるほか，日弁連交通事故相談センター東京支部が毎年開催する講演のうち裁判官による講演でも数年おきに繰り返し取り上げられている（講演録は毎年の赤い本（下巻）に掲載される）。

#### (イ)　上位等級や等級以上の労働能力喪失率の可能性の検討

　まずは，等級認定表の認定等級に基づいて，労働能力喪失率や後遺障害慰謝料の目安を立てることになるが，それと併せて，等級認定の「理由」を精査し，より上位等級に認定される可能性や等級以上の労働能力喪失率や慰謝料額が認められる可能性を検証することも重要である。

　赤い本，青い本には，自賠責の認定等級と異なる判断がされた数多くの裁判例と出典が掲載されているので，同様の事案を扱う場合は参考裁判例の原典にあたって考慮要素を研究することが有用である。

### イ　等級認定の必要性

　等級認定を受けないまま訴訟提起することも不可能ではない。裁判手続における後遺障害の認定は自賠責支払基準には拘束されず裁判官の自由な心証で判断される（最一小判平成18年3月3日民集60巻3号1242頁）。

　しかし，さような訴訟では，加害者や加害者側対人賠償責任保険会社が自賠責保険からいくら保険金支払（自賠法15条）が受けられるか予測がつかないため，和解による解決ができず，解決が遅れてむしろ被害者救済のためにならない。消滅時効の関係で等級認定を受けずに訴訟提起を優先せざるを得ないケースもあり得るが，裁判所実務においては，等級認定を受けない訴訟提起がなされた場合，被害者側に等級認定を受けるよう促す運用がなされている（別冊判タ38号3頁）。

### ウ　等級認定票の取得ルート

### ㋐　被害者請求の場合（自賠法16条）

　被害者が直接自賠責保険（共済）会社に対して損害賠償額の請求をする場合（自賠法16条）は，等級認定票は，自賠責保険会社からの調査依頼に対する自賠責調査事務所の回答として，自賠責保険会社に対して交付され，引き続き，自賠責保険会社から損害賠償額の支払いとともに被害者に対して交付される（Ⅱ章第1-3）。

### ㋑　対人一括・人傷一括の場合

　加害者側の任意対人賠償責任保険会社が任意一括払い対応をしている場合や，被害者が被害者側の人傷保険会社に対して人傷保険金を請求する場合には，等級認定票は，それら損保会社からの事前認定依頼に対する回答として自賠責調査事務所からそれら損保会社へ交付される。これらの場合には，等級認定票は，任意対人賠償責任保険会社からの示談提案額算定の資料という形や，人傷保険会社から支払われる人傷保険金額の算定資料という形で，損保会社から被害者に交付される（Ⅱ章第1，第2-1(4)，第2-2）。

### エ 等級認定票1枚目に記載されていること

等級認定票は、2枚目以降が「別紙」となっており、そこに後遺障害の内容や程度を知るために重要な等級認定の「理由」が記載されている。

認定結果が「等級非該当」の場合も等級認定票は作成され、例えば、頚部の神経症状、右上肢の機能障害、脊柱の変形・運動障害といった調査項目ごとに、各々非該当とされた理由が記載される。

なお、実務上、等級認定票の1枚目部分が保険会社から被害者に交付されないケースもあるようであるが、1枚目が保険会社宛の自賠責調査事務所の回答文書の体裁で作成されているからかと思われる。

1枚目がなくても多くの場合特段問題はないが、1枚目には、事故や当事者等を特定する事項や調査項目のほか、支払われる「保険金額（自賠責支払基準による損害額が保険金額を上回っていれば自賠法施行令2条の保険金額の上限額、例えば14級のときは75万円）」、「重過失減額の割合（減額がなければ0％）」、「受傷と死亡又は後遺障害との因果関係の有無の判断が困難な場合の減額の割合（因果関係に疑いがなければ0％）」等が記載されていて（II章第1-1）、事案によっては、これらが参考になる場合もある（例えば、調査事務所が保険金額の減額判断をしていないのなら、被害者過失は大きくても7割未満である可能性が高いといった情報が読み取れる場合がある）。

### オ 認定理由の精査

㋐ 等級認定の「理由」欄には、提出された資料がどう評価されそれらを踏まえてどういう論理で判断がなされたかが記載されている。

よって、資料に漏れがないか、資料の評価は適正か、論理に不整合や矛盾はないか等を精査し、「理由」が説得的であるかどうかを検証することが重要である。

（イ）　異議申立て（16条請求）や再認定依頼（対人・人傷一括）の検討

　等級認定には医学的判断が伴うので，漏れていたり新たに取得した医療資料（診断書，意見書，画像，検査結果等）があれば，これを追加提出しての異議申立等を検討する。ただし，事故から長期間が経過してからの検査結果等は事故による受傷との因果関係が認められない場合があるので，当該検査結果等に至る受傷からの経過を医学的に説明できることが必要である。

　また，脳外傷による高次脳機能障害や非器質性精神症状等の後遺障害では，社会適合性が低下することが障害の内容をなしているから，家族や教師やクラスメート，職場の上司や同僚，相談支援専門員，介護支援専門員といった被害者に近い関係者の日常生活状況報告が判断の参考とされる。これらについては受傷直後には気づきにくかった問題行動などが，復学や復職によって明らかになることも珍しくないので，受傷から時間が経過していてもそのような報告書の準備を検討すべき場合もある。

## （4）後遺障害診断書
### ア　最も重要な資料

　後遺障害診断書は，後遺障害事案において最も重要な証拠であり，経過診断書及び診療報酬明細書とともに自賠責調査事務所で等級認定を受けるために必須の診断書である。

　訴訟においても，後遺障害に基づく主張をする場合は証拠としての提出は必須である。上述したとおり，訴訟では，通常は等級に応じた労働能力喪失率が認められるが，等級だけではなく，被害者の職業，年齢，性別，後遺障害の部位・程度，事故前後の稼働状況等から総合的に判断される。後遺障害診断書は，後遺障害の部位・程度を具体的に立証する第一歩である。

　また，後遺障害診断書は，労働能力喪失率及び喪失期間や慰謝料

額だけでなく，積極損害，例えば「装具・器具購入費」「家屋・自動車改造費」さらには「将来介護費・付添費」「後見等関係費用」といった様々な費目の損害の立証のためにも重要な証拠である。

### イ　記載事項

後遺障害診断書には，①被害者の特定に関する事項（氏名，住所，生年月日及び職業。後述ウ。），②治療経過に関する事項（受傷日時，当院入院期間，当院通院期間及び実治療日数並びに症状固定日。後述エ。），③傷病に関する事項（傷病名，既存障害及び自覚症状。後述オ。），④後遺障害に関する事項（各部位の後遺障害の内容及び傷害内容の増悪・寛解の見通し。後述カ。），⑤診断書作成に関する事項（診断日，診断書発行日及び作成医師。）の各項目欄がある。

以下，順次，精査のポイントを解説する。

### ウ　被害者の特定に関する事項（氏名，住所，生年月日及び職業）

これらは医学的な判断とは関係ないが，被害者の基本的属性として他の証拠と齟齬がないか確認を怠ってはならない。職業欄に無職と書かれていても，事故時は有職であった場合もあり，基礎収入について誤った判断をしないよう注意すべきである。

また，職業については，障害の影響を強く受ける職種かどうかには注意を払うべきである。例えば，手指の機能障害が及ぼす影響がピアニストと通常人とでは異なるように，障害の部位系列や障害の内容と職種によって労働能力喪失率に差がでる可能性がある。また，例えばパートやアルバイトと記載されていても家族生活の実態から家事労働者として基礎収入を把握すべき場合もある。

### エ　治療経過に関する事項（受傷日時，当院入院期間，当院通院期間及び実治療日数並びに症状固定日）

#### ㋐　治療経過（受傷日時，入通院期間と日数）

治療経過は，交通事故証明書，経過診断書及びレセプトとの整合を確認し，特に「当院入院期間」「当院通院期間」と全体の治療経過を照らし合わせて，事故後継続して治療を行った主治医の判断か

そうでないかは必ずチェックする必要がある。そもそも初診が事故後相当期間経過後であったり，初診は受傷直後であっても治療が途絶えた期間が相当期間あるような場合は，受傷と診断書記載の後遺障害との因果関係の有無が問題となり得るし，「症状固定日」も診断書の記載どおりに認められない可能性もある。

㈥　「症状固定日」欄

　上述したとおり，「症状固定」とは，損害算定のための必須の概念であり，本来，臨床医療には「固定」という考え方はない。医師は，改善しないからといって目の前で症状を訴えている患者を診察・治療しないということはないからである。従って，後遺障害診断書記載の「固定日」が，損害算定上の固定日に，当然に一致する訳ではない。しかし，治療によって症状の改善が認められる状態か否かの判断はあくまで医学的な判断であるから，実務上は後遺障害診断書上の「固定日」は極めて重視されている。

　この点，治療が相当期間途絶えてから久しぶりに受診したその日をもって固定日と記載されることがあるが，担当医は，診察していない間のことは診断書に書けないから，このような場合は，治療が途絶えている間に症状が固定している可能性があるので注意すべきである。

　複数の医療機関や複数の診療科で治療を行い複数の診断書がある場合は，最も固定日が遅いものを以て固定日と扱うのが通常であるが，精神科を複数受診していたりする場合には，いつ症状が固定したかが争われることがある。

　自賠責調査事務所や裁判所では，経過診断書やレセプト（診療報酬明細書）から判断して，投薬・治療方法が同一で数ヶ月が継続しているようなときには，後遺障害診断書に記載された日にこだわらず，症状固定日を判断する傾向にある。

### オ　傷病に関する事項（傷病名，既存障害及び自覚症状）

#### ㋐　「傷病名」「既存障害」欄

　傷病名は，経過診断書，とりわけ事故直後の診断書との整合性を確認すべきである。交通事故による受傷は直後がもっとも症状が重く治療と時の経過に伴い軽快してゆくのが通常であるから，事故当日や直後の診断書に比べて傷病名が増えている場合は，経過を精査する必要がある。例えば，事故直後のレントゲン画像では確認できなかった新鮮な軟部組織（靱帯，腱など）の損傷が後日のMRI画像で認められたような受傷との因果関係に問題がないケースもあるが，例えば糖尿病の既存障害のために傷口が塞がらず感染症を合併して瘢痕となるケースや，事故後心因的なPTSDやうつ病を発症したりするケースもあり，そのようなケースでは，素因減額，寄与度減額といった観点からの精査が必要となる。素因減額には身体的素因と心因的素因があるが，問題となる身体的素因（疾病）はある程度決まっているから，既存障害欄に記載があるときは，文献や判例などを精査する必要があり，場合によっては，被害者の同意を得て，担当医師や前医から説明を聞く必要がある場合もある。

#### ㋑　「自覚症状」欄

　自覚症状欄は被害者の訴えを書く欄であり，医学的な判断ではない。しかし，自覚症状に対しては検査や測定が行われるから，その結果は他覚的所見として「各部位の後遺障害の内容」欄に記載される。

　例えば，自覚症状欄だけでなく傷病名欄にも「耳鳴り」と記載されている場合には，オージオグラムによる聴力検査のほか，耳鳴りの検査であるピッチマッチ検査及びラウドネスバランス検査が実施されているはずであり，検査結果は後遺障害の内容①欄を利用して記載されることになる。「障害認定必携」には1990年に日本聴覚医学会が制定した聴覚検査法が掲載されている。

　自覚症状と合致している検査結果や他覚的所見がない場合には，

後遺障害が認められないことがある。

## カ　「各部位の後遺障害の内容」欄

### ㋐　部位とは

　労災認定基準は，身体をまず解剖学的観点から，「部位（眼球，眼瞼，内耳，耳かく，鼻，口，神経系統の機能又は精神，頭部・顔面部・頸部，胸腹部臓器，脊椎，その他体幹骨，上肢，手指，下肢，足指）」に分けたうえで，それぞれの部位における身体障害につき，1種または数種の障害種別（機能障害，運動障害，欠損障害，変形障害，醜状障害等）に分けて，後遺障害を，合計35種の「系列」に細分している。

　後遺障害診断書の「後遺障害の内容」欄は，この35種のすべての系列を，まとめられるものは表にまとめる等して，①「精神・神経の障害」から⑩「上肢・下肢及び手指・足指の障害」までの10個の項目にて網羅して記載できるように欄が設けられている。

　複数の障害があるときの等級評価の準則も労災認定基準に定められており（併合，準用，加重のほか，相当等級もある），等級評価は障害同士が系列を同じくするか別にするか等にも左右される。詳細は「認定必携」に記載されている。

### ㋑　「①精神・神経症状／他覚症状及び検査結果」欄

　部位としての「神経系統」は，中枢神経（脳・脊髄）の障害と末梢神経の障害に分けて評価される。

　後遺障害診断書の各欄のうち最もスペースの広い欄であり，枠内隅に小さい字で「知覚・反射・筋力・筋萎縮など神経学的所見や知能テスト・心理テストなど神経機能検査の結果も記入してください。X-P（レントゲン写真）・CT・EEG（脳波）などについても具体的に記入してください。眼・耳・四肢に機能障害がある場合もこの欄を利用して，原因となる他覚所見を記入してください。」と記載されている。また，「⑥そしゃく・言語の障害」についても①欄に記入するようになっている。

　画像検査のほか，自覚症状欄に記載された神経症状（痛みやしびれ，動かしにくさ，ふらつき，めまい，不眠など）に対応する各種検査や所見が書かれることが多い。

　①欄に記載される各種検査の内容や評価については，精査が必要である。

## ㋒　神経学的所見について

　各種神経学的所見は，他覚的所見であり，そのうち，反射（深部腱反射，表在反射，病的反射）については，患者に意識がなくても的確な情報が得られる。しかし，徒手筋力テスト（manual mascle testing　MMT）や関節可動域測定（ROM），握力測定等は患者の協力が必要であるし，下肢伸展挙上テスト（straight leg raising　SLRテストまたはLasegue's sign（ラセーグ兆候））は下位腰椎椎間板ヘルニアを誘発する最も重要な疼痛誘発テストであるが，疼痛誘発テストは患者の疼痛の訴えに基づかざるを得ないという側面があり，他の所見や検査結果と総合的に判断せざるを得ないこともある。

　検査が複数回行われている場合は，いつ何のテストが行われてその結果がどうだったかを時系列で整理して理解すべきである。事故直後から反射に一切異常がないのに，可動域の測定（ROM）で手が上がらないとか，事故後いったん正常になった検査結果が再び増悪するといった場合，これらの検査結果は有為な他覚所見として認められないこともある。

## ㋓　高次脳機能障害

　脳外傷による高次脳機能障害は，仕事や日常生活に支障を来す認知障害（記憶・記銘力障害，集中力障害，遂行機能障害，判断力低下等）及び人格変化（感情易変，不機嫌，攻撃性，暴言・暴力，幼稚，羞恥心の低下，多弁（饒舌），自発性・活動性の低下，病的嫉妬，被害妄想等）が典型的な症状である。

　脳の器質的損傷に基づく後遺障害であるから，他覚的所見が必要であり，特に画像所見が重要視される。損保料率機構のホームペー

ジに掲載されている「自賠責保険における高次脳機能障害認定システム検討会報告書」や青本掲載の「脳外傷による高次脳機能障害相談マニュアル」が参考になる。

### (5) 基礎収入に関する証拠資料（将来の昇給に関して）

#### ア　給与所得者の逸失利益の算定

　逸失利益の算定における基礎収入は，事故時の現実収入が原則であり，通常は源泉徴収票や確定申告書控え等が証拠資料となる。

　若年者（概ね30歳未満）の場合は，学生との均衡の問題があるので，賃金センサスの男女別学歴計全年齢平均賃金を基礎とし，それを超えると現実収入を基礎とするのが通例である。

#### イ　将来の昇給（特に死亡逸失利益の算定について）

㋐　しかし，近時は，例えば公務員や上場企業会社員等の場合，定年まで昇給しつつ働けたものとして，想定される将来の毎年の収入を現価に引き直して計算し，これに定年後67歳までの年齢別賃金センサスに基づく稼働逸失利益や退職金差額も加算して認める場合がある。

　昇給は将来の事実であるため具体的な事情の主張立証が必要であり，口頭弁論終結時までの現実のベースアップ分については認められ易いものの，その先についても蓋然性ありと認定されるためには，相当具体的な立証が必要となる。

㋑　この点，国家公務員については，諸手当は別として，基本給すなわち俸給は俸給表による。俸給表は，横軸が「等級」，縦軸が「号俸」で，交差するところが「俸給」となる仕組みで，国民に公開されている。「等級」は責任の重さや職務の難しさで上がり（昇格），「号俸」は単に勤続年数で毎年上がる（昇給）。つまり，俸給は，勤続年数を重ねれば毎年必ず昇給し，昇格して等級が上がれば俸給も上がるし，責任ある地位につけば手当も大きいのが通例であるので，入庁してからの昇給や昇格の実績をもとに増収

の蓋然性を立証することが可能なことが多い。

㋒　現在我が国の国民の「働き方」は大きく変貌しつつはあるけれども，昇給を認める裁判例の傾向は，公務員や上場企業社員だけでなく，徐々に中小企業社員にも広がってきており，赤い本，青本に掲載例がある。中小企業に勤務する者については，資格や専門技術を有しているといった事情のほか，現実のその企業での過去の人事のルール，先輩社員の定年後の勤務状況や関連会社等への再就職の実績，被害者と同期入社の社員のその後の昇格や昇給の実態等の事情を立証してゆくこととなろう。

## (6) 年金収入に関する証拠資料の精査（死亡逸失利益）

### ア　受給している年金の種類（老齢年金と障害年金）

　年金をすでに受給していた被害者が死亡した場合，その年金が，老齢年金及び障害年金であった場合は，被害者が保険料を拠出していること，家族のための生活保障的な性質を持つことから，逸失利益性が認められ，平均余命まで年金を受給できたものとして，中間利息控除及び生活費控除をしたうえで逸失利益として認められる。

　この点，遺族年金は，もともと国民年金または厚生年金の被保険者であった者によって生計を維持されていた遺族に対する社会保障であって，その遺族が亡くなれば支給されないものであるから，逸失利益性は認められないとされる。障害年金の加給分も社会保障的性格が強いとして逸失利益性が否定される。

　従って，まずは，受給している年金の種類や根拠法を精査し，同じ種類の年金についての裁判例を赤い本，青本などで調査する必要がある。

### イ　遺族年金を受給するに至る経過

　ただし，遺族年金を受給中であっても，被害者が，自らの年金と遺族年金の高い方を選択して受給していた場合は注意が必要である。特に，平成以降は，夫婦共働き家庭が増えており，例えば高齢の夫

婦の各々が各自の年金を受給していて夫が先に死亡して，妻が亡夫の遺族年金を選択しているといった例がある。二重に年金資格があっても併給はされないからいずれか高い方を選択する手続をするのが通常であるが，この例で妻が交通事故被害にあった場合のように，被害者自らが保険料を拠出した年金受給権がありつつも遺族年金を受給している場合には，自らの年金に切り替えることも可能であったことを理由に，その限度で逸失利益の対象となるとされた裁判例がある（京都地判平21.8.10交民42.4.1026，名古屋地判平22.5.21交民43.3.657）。

　また，若年の障害者で親の遺族年金を受給していても，自らの障害年金の受給資格も有しているケースも同様であろうと思われる。

　以上のように遺族年金を受給している被害者の年金逸失利益については，遺族年金を受給するに至った経緯を精査することが有用である。

### ウ　年金未受給の被害者

　年金未受給であってもすでに加入期間を満たし年金受給権がある場合は逸失利益性が認められる。日本年金機構では，年金を受け取る権利のある遺族は亡くなった親族の年金記録の確認を行えるがそうでない場合は年金記録の確認ができない。裁判例では加入期間をわずかに満たさなかった被害者の年金逸失利益性を認めた例もあるが，その場合は被害者の手元に残された年金記録や年金保険料の引落された通帳等の精査が必要となる。


## 5　慰謝料

### (1) 入通院慰謝料

　入通院慰謝料は，赤い本に基準が掲載されている。むち打ち症で他覚所見がない場合等（軽い打撲や軽い挫創を含む）に別表Ⅱを使用する以外は，別表Ⅰによる。

　入通院期間や実日数は経過診断書とレセプトで確認する。また，日

数だけでなく，傷害の部位，程度によっては別表1の金額が2～3割増額されることがあるので，経過診断書で治療経過も精査する。最終的に重度の後遺障害が残らなくても，受傷が重傷であれば増額を検討する。

複数回の入通院がある場合は，グラフを使って「接ぎ木方式」で計算する（ぎょうせい「注解交通損害賠償算定基準（上）」366頁参照）。

## (2) 後遺障害慰謝料・死亡慰謝料

後遺障害慰謝料は基本的には等級に応じた慰謝料が認められる。死亡慰謝料は被害者の家庭における地位（一家の支柱，母親・配偶者，その他），年齢等が勘案されるので，生前の家族構成や生活実態を確認しておく必要がある。

これらの基準は赤い本に掲載されている。

重度後遺障害を負った場合，近親者固有の慰謝料が認められることがある。将来にわたって重い介護を担うことになった親族等について認める傾向にあり，介護の実態や日常生活について，将来介護費の立証と同様の立証が必要となる。

## (3) 増額事由

加害者に故意もしくは重過失がある場合に増額されることがあるので，その場合は刑事記録の精査が必要である。

## 6　領収証のない損害

損害の立証に領収証が必要ないものがあり，基準と参考裁判例が赤い本，青本に掲載されている。

## (1) 入院雑費

入院期間中は，日用雑貨品を購入したり，家族や勤務先と電話連絡したりして，治療費以外の支出を余儀なくされるが，単価も少額で点

数も多いので，１日あたり1500円の定額賠償を認めており，領収書をいちいち精査しない。

　ただし，家族の見舞いや駆けつけ交通費については，雑費とは別途の損害なので，それらは領収書が必要である。

### (2) 親族による付添費・親族による介護費

　医師の指示または受傷の程度，被害者の年齢とにより必要があれば入院付添費用が認められるが，近親者の場合は日額6500円が認められる。

　将来介護費は近親者は１日8000円とされるが，具体的な看護の状況により増減することがある。具体的な介護の負担を立証することが必要であり，親族からの聞き取りのほか，介護保険法や障害者総合支援法に基づくサービスを受給している場合は，ケアプランや通所・入所施設の記録など第三者の資料が有用である。

（Ⅲ章第1-4,5,6／弁護士　芳仲美惠子）

## 第2　損害の積算

### 1　「赤い本」をもとに，費目毎に計算

　人損（傷害，後遺症），物損

　交通事故により被害者が傷害を負ったり死亡した場合の損害を「人身損害」といい，人身損害は「財産的損害」と「精神的損害」に分けられる。

　「財産的損害」とは，被害者が事故により被った財産的・経済的な不利益な状態を意味する。また，財産的損害は，その内容により「積極損害」と「消極損害」に分けられる。

　「積極損害」とは，被害者が事故のために支出を余儀なくされたことによる損害を意味する。治療関係費や付添費用，将来介護費等がこ

【損害の種類】

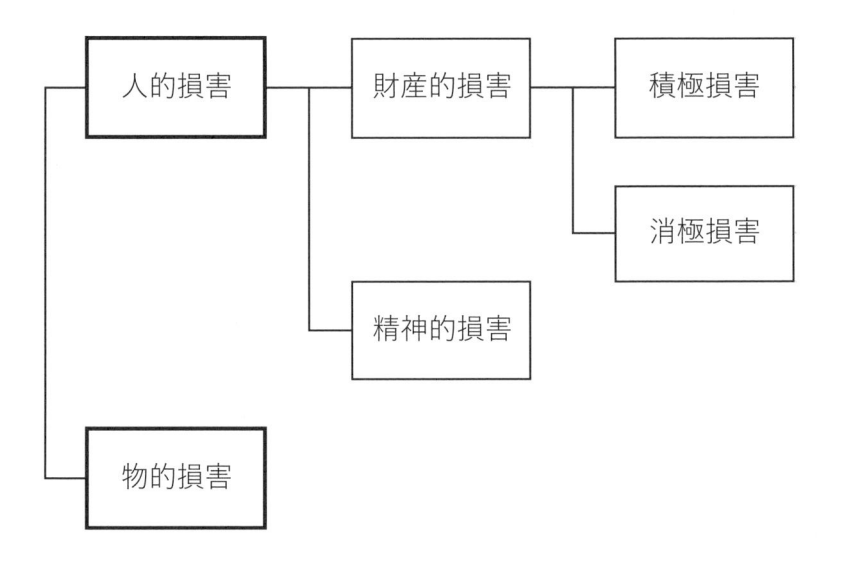

れにあたる。また，「消極損害」とは，被害者が事故に遭わなければ得られただろうと考えられる利益を喪失したことによる損害を意味する。休業損害や後遺症による逸失利益等がこれにあたる。

「精神的損害」とは，事故により被害者が感じた痛みや不快感等のため精神の平穏が害されたことによる損害を意味する。

一方，「物的損害」とは，車両修理費や代車使用料，休車損等，事故のために損傷した自動車等「物」に関する損害のことを意味する。

損害費目は多岐にわたるため，損害賠償を請求する際には，裁判手続の利用の有無によらず，損害費目に漏れがないか，一つ一つ丁寧に確認することを要する。事件を受任した場合においては，事故状況を確定し，責任主体，過失割合について主張を整理することも重要であるが，当事者の関心事は損害額にもあることから，損害積算には十分な注意を払う必要がある。以下，『民事交通事故訴訟・損害賠償額算定基準』2020，日弁連交通事故相談センター東京支部編（以下，「赤い本」という。これはほぼ毎年度版が発行される。）に沿って損害費

目につき列挙するので，実際の請求時において，落としている点が無いか，確認されたい。

## (1) 人損（傷害，後遺症）
### 【財産的損害】－積極損害
### ア　治療関係費
### ㋐　治療費

原則として，必要かつ相当な実費全額が認められるべきである。

必要性，相当性がない場合には，過剰・濃厚診療や高額診療として，否定されることがある。

「過剰・濃厚診療」とは，診療行為の医学的必要性ないし合理性が否定されるものをいい，「高額診療」とは，診療行為に対する報酬額が，特段の事由がないにも拘らず，社会一般の診療費水準に比して著しく高額な場合をいう（1頁，赤い本）。

### ㋑　柔道整復（接骨院，整骨院），針灸，マッサージ等の施術費，器具薬品代，温泉治療費等

症状により有効かつ相当な場合，特に医師の指示がある場合などは認められる傾向にある（3頁，赤い本）。医師の指示については，積極的なものでなくても，施術を受けることによる改善の可能性について，消極的な承認をすることも含まれる。なお，温泉治療費等については，治療上有効かつ必要がある場合に限って認められるが，その場合においても額が制限される傾向にある（6頁，赤い本）。

### ㋒　入院中の特別室使用料

個室料や差額ベッド代等の特別室使用料は，医師の指示ないしその他特別の事情（症状が重篤であったり，空室がないなど）があれば認められる（6頁，赤い本）。

### ㋓　症状固定後の治療費

一般に否定的に解される場合が多い。症状固定とは，治療しても症状が改善しないことを意味するため，固定後の治療は余分な支出

となるからである。もっとも，その支出が相当なときは認められよう。また，抗てんかん剤等，症状悪化を防ぐものは認められる傾向にある。リハビリテーションの費用については，症状の内容・程度等による（7頁，赤い本）。

㋘　将来の手術費，治療費等

**イ　付添費用**

㋐　入院付添費

　医師の指示または受傷の部位，被害者の年齢等によって，付添の必要があれば，職業付添人の部分には実費全額，近親者付添人は1日につき6500円が被害者本人の損害として認められる。症状の程度により，また，被害者が幼児・児童である場合には，1割から3割の範囲で増額を考慮することがある（13頁，赤い本）。現在では，医療機関において完全看護制度が前提となっているため，医師による付添の指示がない場合が多いが，被害者の症状等から付添の必要性を判断することになる。

㋑　通院付添費

　受傷の部位や程度により，または幼児等必要と認められる場合には，1日につき3300円が被害者本人の損害として認められる。事情に応じて増額を考慮することがある（19頁，赤い本）。

㋒　症状固定までの自宅付添費

**ウ　将来介護費（将来の付添費）**

　医師の指示または症状の程度によって，必要があれば，実際に支出されるであろう金額に基づき相当額を認定する。職業付添人は実費全額，近親者付添人は1日につき8000円が被害者本人の損害として認められる。但し，常時介護を必要としない場合において，具体的看護の必要性の程度，内容により増減することがある（24頁，赤い本）。

### エ　雑費

#### ㋐　入院雑費

入院中の諸雑費として，1日につき1500円が認められる（40頁，赤い本）。

#### ㋑　将来の雑費

### オ　通院交通費・宿泊費等

重度の後遺障害の場合等においては，将来において治療，リハビリ，検査を目的として，通院が予定される。症状等によりタクシーの利用が相当とされる場合以外は，電車，バスの料金が損害として認められる。自家用車を利用した場合は，実費相当額が認められる。なお，看護のための近親者の交通費も，被害者本人の損害として認められる（41頁，赤い本）。

1月当たりの平均的支出額を推定の上，年額に引き直し，通院継続年数（通常は，平均余命まで）に対応するライプニッツ係数を乗じて，算出する事例が多い。

#### ㋐　電車・バスの料金

#### ㋑　タクシー料金

#### ㋒　ガソリン代，高速道路料金，駐車場料金等

#### ㋓　宿泊費

#### ㋔　付添人交通費

#### ㋕　見舞いのための交通費

#### ㋖　治療中の通勤交通費等

#### ㋗　将来の通院交通費

### カ　学生・生徒・幼児等の学習費，保育費，通学付添費等

受傷による学習の遅れを取り戻すための補修費用，留年に伴い支払った，もしくは事故前に支払っており無駄となった授業料，又は被害者が子の養育・監護をできなくなったために発生した子供の保育費等につき，被害者の被害の程度，内容，子供の年齢，家庭の状況を具体的に検討の上，必要性が認められれば，妥当な範囲で認め

る（47頁，赤い本）。

(ア)　進級遅れの場合における授業料や補習費

(イ)　家庭教師，塾の費用等

(ウ)　受傷等によって無駄になった支払済み教育費（授業料），通学
　　定期代等

(エ)　保育料

(オ)　通学付添費等

(カ)　通学のため賃借したマンションの賃料等

(キ)　家族の監護料等

(ク)　復学のために要した費用

**キ　装具・器具等購入費**

　必要があれば，実費相当額が認められる。義歯，義眼，義手，義
足，その他相当期間で交換の必要があるものは，原則として，将来
の費用も全額認められる。但し，将来交換が必要なものを現時点で
計算するときは，中間利息が控除されることに注意を要する。

　上記のほかに，眼鏡，コンタクトレンズ，車いす（手動・電動・
入浴用），盲導犬費用，電動ベッド，介護支援ベッド，エアマット
リース代，コルセット，サポーター，折り畳み式スロープ，歩行訓
練器，歯・口腔清掃用具，吸引機，障害者用はし，脊髄刺激装置，
身障者用ワープロ，パソコン等がある（50頁，赤い本）

(ア)　義歯，義眼，義手，義足，装具等

(イ)　介護用品・器具

(ウ)　その他

**ク　家屋・自動車などの改造費**

　被害者の受傷の内容，後遺症の程度・内容等を具体的に検討の上，
必要性が認められれば，実費相当額が認められる。具体例としては，
家の出入口や浴室，便所，自動車の改造費等がある。なお，転居費
用や家賃差額が認められることがある（55頁，赤い本）。

### ケ　葬儀関係費用

　葬儀費用として，原則として150万円が認められる。但し，これを下回る場合は，実際に支出した額が認められる。墓碑建設や仏壇の購入費用についても，賠償性は肯定されている。なお，香典については損益相殺を行わず，香典返しは損害と認められない（63頁，赤い本）。

（ア）　葬儀費用

（イ）　仏壇・仏具・墓碑建立費

（ウ）　遺体搬送料・遺体処理費等

### コ　損害賠償請求費用

　診断書料等の文書料，保険金請求手続費用等が，必要かつ相当な範囲で認められる（65頁，赤い本）。

### サ　後見等関係費用

　成年後見開始の審判手続費用，後見人報酬等が，必要かつ相当な範囲で認められる（67頁，赤い本）。

（ア）　後見等開始申立費用

（イ）　将来分を含めた後見人報酬等

### シ　その他

（ア）　海外からの帰国費用等

（イ）　海外からの被害者の搬送費用

（ウ）　渡航費用

（エ）　旅行のキャンセル料等

　受傷した被害者や近親者が予定していた旅行を交通事故のために中止せざるを得なかった場合には，キャンセル料が損害として認められている。

（オ）　就学資金返還

（カ）　ペットの飼育費用

　被害者の受傷によりペットが飼育できなくなった場合には，他に預けざるを得ない。このための飼育費用につき，賠償を認めたもの

がある。

㋖　親族の治療費

㋗　医師等への謝礼

㋘　刑事捜査，刑事裁判に関する費用

㋙　被害者が経営する会社の清算費用

**ス　弁護士費用**

　不法行為の損害賠償においては，弁護士費用のうち認容額の1割程度が，事故と相当因果関係のある損害として認められる（72頁，赤い本）。したがって，保険会社に対する，又は保険会社からの求償訴訟では，一般的に，弁護士費用は認められない。

**【財産的損害】－消極損害**

**ア　休業損害**

　休業損害とは，交通事故による傷害や治療のために休業を余儀なくされた結果，その間の収入を得ることができなかったことによる損害をいう。休業損害は，事故当時の収入に休業日数を乗じ算出されるが，専業主婦等の場合には，被害者が療養中であっても部分的に家事に従事することが多く，そのような場合には，実際に制限を受けた範囲で休業が生じたと考えられることから，傷害の内容や程度，回復状況や治療状況等に鑑みて，労働能力の喪失率を段階的に認める例も散見される。損害算出の基礎となる事故当時の収入及び休業損害をどのように認定するかは，職業の有無，所得内容等により異なるので，以下を参照の上，検討されたい。

㋐　有職者

　a　給与所得者

　　事故前の収入を基礎とし，交通事故による受傷のため休業したことによって減少した収入を現実の収入減とする。現実の収入減がない場合でも，有給休暇を使用した場合には休業損害として認められる。休業中の間において，昇給，昇格のあった後はその収入を基礎とすることができるが，立証の可否が問題となり得る。

休業に伴って賞与の減額や不支給，昇給・昇格遅延があった場合には，これを損害とすることも認められる（73頁，赤い本）。

### b　事業所得者

現実の収入減があった場合に認められる。基礎収入額は，通常，事故前年の確定申告所得額によって認定する。青色申告控除が為されている場合には，控除額が差し引かれる前の金額が基礎収入額となる。事業に配偶者等を従事させているにもかかわらず，同人に対し給与の支払を行っていない場合には，事業主の所得として申告された金額の中に配偶者の労務対価部分が含まれることになる。よって，所得額に被害者の寄与の割合を乗じ，これを基礎収入額とする。逆に，配偶者等を事業に従事させていないにもかかわらず，給与が支払われている旨を申告している場合には，被害者の収入額に配偶者等の給与額を加算して基礎収入額とする。なお，自営業者等の休業中の固定費（家賃，従業員給料等）の支出のうち，事業の維持・存続のため，必要やむをえないものと認められるものは損害として認められる（80頁，赤い本）。

### c　会社役員

会社役員の報酬は，その金額全額をそのまま基礎収入とすることはできない。役員報酬のうち労務提供の対価部分を認定し，かかる部分は休業損害として認められるが，企業経営者として受領する利益配当の実質を持つ部分は消極的な判断がなされる傾向にある（85頁，赤い本）。

### (イ)　家事従事者

家事従事者とは，現に家族のために家事労働に従事する者をいい，性別や年齢にとらわれない。家族のために家事に従事することを要するため，原則として，ひとり暮らしの者は家事従事者たりえない。賃金センサス第1巻第1表の産業計，企業規模計，学歴計，女性労働者の全年齢平均の賃金を基礎とし，受傷のため家事労働に従事できなかった期間につき認められる。

　兼業主婦については，現実の収入額と上記女性労働者の平均賃金額のいずれか高い方を基礎として算出する（88頁，赤い本）。

㋒　無職者

　a　失業者

　失業中の者は収入が無いため，原則として，休業損害は発生しない。比較的短期間で就労可能な状況まで回復する場合には，具体的な就労の予定が明らかにならない限り，休業損害の発生は否定される。一方，治療期間が長くなる場合には，その間，就労できないものと断定することも困難である。そのため，休業期間が長期になると，休業損害の発生が認められる傾向にある。

　具体的には，労働能力及び労働意欲があり，就労の蓋然性があるものは認められ得るが，平均賃金より下回った認定になる傾向がある（92頁，赤い本）。

　b　学生，生徒等

　社会人として就労する前の地位にあり，原則として，認められない。もっとも，アルバイト等の収入があれば，これを基礎収入として認める。また，就職遅れによる損害は認められる（94頁，赤い本）。

㋓　その他

　a　将来の失業に伴う損害

　b　事故とは相当因果関係のない原因で症状固定前に死亡した場合

　c　間接被害

イ　後遺症による逸失利益

　逸失利益は，交通事故による後遺症のために，労働能力を喪失したり，低下させられたことにより，将来にわたって得られただろう利益を喪失したことによる損害である。逸失利益の算定は，休業損害と同様，基礎収入が重要な要素となる。原則として，事故当時の収入が基礎収入となるが，将来にわたる損害であるため，未知の要

素も含んでいる。また，長期間にわたって発生する損害を一時金の方式で算定することになるため，中間利息控除を行う必要がある。

　算定にあたっては，労働能力の低下の程度や収入の変化，将来の昇進・転職・失業等の不利益の可能性，日常生活上の不便等を考慮して行うことが必要である（99頁，赤い本）。

### ㋐　基礎収入

　逸失利益算定の基礎となる収入は，原則として事故前の現実収入を基礎とするが，将来，現実収入額以上の収入を得られる立証があればその金額が基礎収入として認められ得る。実務上は，現実収入額が賃金センサスの平均賃金を下回っていても，事故時概ね30歳未満の被害者の場合には，平均賃金を基礎収入として算定することを原則とする（99頁，赤い本）。

#### a　有職者

#### ①　給与所得者

　原則として，事故前の給与を基礎として算出する。かかる収入には，給与の本給のほか，歩合給や各種手当，賞与も含まれる。一般に，給与は税金等が控除されて支給されるが，税金等を控除しないものを基礎収入額とする。現実の収入が賃金センサスの平均額以下の場合，将来に向かって平均賃金を得られる蓋然性があれば，平均賃金を基礎収入として算定することができる。実務上は，現実収入額が賃金センサスの平均賃金を下回っていても，事故時概ね30歳未満の場合には，学生との均衡の点もあり，全年齢平均の賃金センサスを用いるのを原則とする（101頁，赤い本）。

#### ②　事業所得者

　自営業者や自由業者，農林水産業従事者等については，通常，事故前年の確定申告所得額によって認定する。もっとも，同申告額と実収入額が異なる場合には，立証があれば実収入額を基礎とすることができる。青色申告控除がなされている場合には，同控除額を差し引く前の金額を基礎とする。

　所得が家族の労働等の総体の上に形成されている場合には，所得に対する本人の寄与部分の割合によって算定することになる。逆に，給与が支払われている旨の申告が為されているにもかかわらず，家族が事業に従事していない場合には，家族に対する給与支払額も，本人の収入に含めて算定基礎とする。

　現実収入が平均賃金以下の場合，平均賃金が得られる蓋然性があれば，男女別の賃金センサスによる。

　現実収入の証明が困難な場合においては，各種統計資料による場合もある（105頁，赤い本）。

③　**会社役員**

　会社役員の報酬については，その金額全額をそのまま基礎収入とすることはできない。取締役報酬のうち労務提供の対価部分を認定し，かかる部分については基礎収入にすることができるが，利益配当の実質をもつ部分は認められない傾向である（108頁，赤い本）。特に中小企業の場合，税務申告で役員の報酬を人件費として経費控除していることが多いので，それを労務対価と考えることができる。

④　**高齢者**

b　**家事従事者**

　家事従事者とは，現に家族のために家事労働に従事する者をいい，性別や年齢にとらわれない。家族のために家事に従事することを要するため，原則として，ひとり暮らしの者は家事従事者たりえない。賃金センサス第1巻第1表の産業計，企業規模計，学歴計，女性労働者の全年齢平均の賃金額（425頁，赤い本）を基礎にその収入を算出する（最判昭49.7.19判時748号23頁）。

　有職主婦の場合において，実収入が上記平均賃金以上のときは実収入により，平均賃金を下回るときは平均賃金により算定する。家事労働分の加算は認めないとするのが，一般的である（109頁，赤い本）。

### c　無職者
#### ①　学生・生徒・幼児等

賃金センサス第1巻第1表の産業計，企業規模計，学歴計，男女別全年齢平均の賃金額（424頁，赤い本）を基礎に算出する。

女子年少者の逸失利益については，女性労働者の全年齢平均賃金ではなく，男女を含む全労働者の全年齢平均賃金で算定するのが一般的である。

なお，大学生になっていない者についても，大卒の賃金センサスが基礎収入と認められる場合がある。大卒の賃金センサスによる場合には，就労の始期が遅れるため，全体としての損害額が学歴計平均額を使用する場合と比べ減ることがあることに注意を要する（113頁，赤い本）。

#### ②　高齢者

就労の蓋然性があれば，賃金センサス第1巻第1表の産業計，企業規模計，学歴計，男女別，年齢別平均の賃金額（424頁，赤い本）を基礎とする（115頁，赤い本）。

### d　失業者

休業損害と異なり，事故時点で収入がないからといって，就労可能期間の終了時まで収入を得られないとするのは不合理であり，労働能力及び労働意欲があり，就労の蓋然性があるものは認められ得る。再就職によって得られるであろう収入を基礎とすべきであり，その場合には特段の事情のない限り失業前の収入を参考とする。但し，失業以前の収入が平均賃金以下の場合において，平均賃金が得られる蓋然性があれば，男女別の賃金センサスによる（115頁，赤い本）。

### ㈑　労働能力喪失率（99頁，赤い本）

労働能力の低下の程度については，労働省労働基準局長通牒（昭和32年7月2日基発第551号）別表労働能力喪失率表（411頁，赤い本）を参考として，被害者の職業，年齢，性別，後遺症の部位，程

度，事故前後の稼働状況等を総合的に判断して，個別具体的な事例にあてはめて評価すべきである。

㈡　労働能力喪失期間（99頁，赤い本）

①　労働能力喪失期間の始期は，症状固定日となる。未就労者の就労の時期については原則18歳とするが，大学卒業を前提とする場合には大学卒業時とする。

②　労働能力喪失期間の終期は，原則として67歳とする。

症状固定時の年齢が67歳をこえる者については，原則として簡易生命表（420頁，赤い本）の平均余命の2分の1を労働能力喪失期間とする。

但し，労働能力喪失期間の終期は，職種，地位，健康状態，能力等により上記原則と異なった判断がなされる場合がある。

③　四肢切断のような欠損障害については，就労可能年限（又は平均余命の2分の1）において，喪失期間を認めるものが多い。また，器質的変化によることが明確な機能障害についても，就労可能年限（又は平均余命の2分の1）において，喪失期間を認める事例が多い。

④　むち打ちの場合は，12級で10年程度，14級で5年程度に制限する例が多く見られる。しかし，後遺障害の具体的症状に応じて，個別具体的に判断すべきである。

㈢　中間利息控除

労働能力喪失期間の中間利息の控除は，ライプニッツ式とホフマン式がある。東京地裁はライプニッツ式によっており，大阪地裁及び名古屋地裁も，東京地裁と同様の方式を採用することを表明している（99頁，赤い本）。

中間利息控除の基準時は症状固定時であるとするのが実務の大勢である。なお，少数であるが，事故時とする裁判例も見られる。

なお，中間利息は年5％の割合で控除するとされていたが，民法改正により，中間利息控除に関する規定を新設し，控除される利息

を損害賠償請求権が生じた時点における法定利率によるとした（民法417条の2）。同規定は，民法722条の2により，不法行為による損害賠償請求権に準用される。そして，民法404条2項は法定利率を年3％と規定しつつ，同条3項以下で，法定利率は法務省令で定めるところにより3年を1期として1期ごとに変動するものとした。このため，令和2年4月1日以降（当初3年間）に発生する交通事故の損害賠償請求について，中間利息控除に用いる利率は年3％となる。

(オ)　生活費控除の可否

　後遺症逸失利益の場合は，生活費を控除しないのが原則である（100頁，赤い本）。

　なぜなら，賠償によって得た逸失利益で現実に生活するからである。

## (2)　物損

### ア　修理費

　適正な修理費相当額が認められる（237頁，赤い本）。

### イ　経済的全損の判断

　被害車両の修理費と車両時価額を対比して，いずれか低い方を損害とするのが原則である。すなわち，修理費が車両時価額（消費税相当額を含む）に買替諸費用を加えた金額を上回る場合には，経済的全損となる。その場合には，買替差額が認められ，下回る場合には分損として修理費が認められる（238頁，赤い本）。

### ウ　買替差額

　物理的または経済的全損，車体の本質的構造部分が客観的に重大な損傷を受け，その買替をすることが社会通念上相当と認められる場合には，事故時の時価相当額と売却代金の差額（買替差額）が損害として認められる。車両の時価は，原則として同一の車種・年式・型，同程度の使用状態・走行距離等の自動車を中古市場におい

て取得しうるに要する価額である（最判昭49.4.15　民集28・3・385　交民7・2・275参照，240頁，赤い本）。

**エ　登録手続関係費**

買替のため必要となった登録，車庫証明，納車，廃車の法定の手数料相当分及びディーラー報酬部分（登録手数料，車庫証明手数料，納車手数料，廃車手数料）のうち相当額並びに自動車取得税（令和元年10月1日以降は環境性能割（地方税法145条1号及び146条，軽自動車につき同法442条1号及び443条））が損害として認められる。

なお，事故車両の自賠責保険料，新しく取得した車両の自動車税，自動車重量税，自賠責保険料は損害とは認められないが，車両の自動車重量税の未経過分（「使用済自動車の再資源化等に関する法律」により適正に解体され，永久抹消登録されて還付された分を除く。）は，損害として認められる（243頁，赤い本）。

**オ　評価損**

修理しても外観や機能に欠陥を生じる場合や，事故歴により商品価値の下落が見込まれる場合には認められる（245頁，赤い本）。訴訟では比較的容易に認められるが，示談交渉では加害者側損保会社は支払いを渋ることが多い。

**カ　代車使用料**

相当な修理期間または買替期間中において，代車の必要があり，かつ現実にレンタカー使用等により代車を利用した場合に，その使用料が相当性の範囲内で認められる。修理期間は1週間ないし2週間が通例であるが，部品の調達の困難や営業車登録等の必要がある場合には，長期間認められることもある（249頁，赤い本）。当事者としては，過失等に争いがあると事故車を修理に出さず，代車使用期間のみ長くなることがある。しかしこのような場合，依頼者には，さっさと修理に出し，代車使用期間を短かくさせ，早く損害を確定させるよう勧めるのがよい。あまりに代車使用期間が長いと，損害として認められないことがあるからである。

### キ　休車損

　営業車（緑ナンバー等）の場合には，相当な買替期間中もしくは修理期間中につき，操業を継続していれば得られたであろう利益が損害として認められる（252頁，赤い本）。

### ク　雑費

(ｱ)　車両の引き揚げ費，レッカー代

(ｲ)　保管料

(ｳ)　時価査定料・見積費用等

(ｴ)　廃車料・車両処分費等

### ケ　家屋・店舗，設備に関する損害

(ｱ)　修理費，評価損等

(ｲ)　営業損害等

　店舗に車が飛び込んだなどの理由により，店舗が休業せざるを得ない場合に認められる。

(ｳ)　慰謝料

### コ　積荷その他の損害

(ｱ)　積載物

(ｲ)　着衣・携行品関係

(ｳ)　その他

### サ　物損に関連する慰謝料

　原則として，認められない。

### シ　ペット・動物に関する損害

## 2　過失相殺の考え方

## (1) 過失相殺とは

　過失相殺とは，交通事故の発生や損害の拡大につき，加害者のみならず被害者にも落ち度がある場合に，その賠償額を減少させる制度をいう。当事者間の利害を調整し，損害の公平な分担を実現するのが，過失相殺制度である。

　民法722条2項は，「被害者に過失があったときは，裁判所は，これを考慮して，損害賠償の額を定めることができる」と規定している。裁判所は，不法行為の被害者にも過失がある場合には，これを考慮して，裁判官の自由な判断のもとに過失相殺をできるのである。

　なお，「被害者本人と身分上，生活関係上，一体をなすとみられるような関係にある者の過失，すなわちいわゆる被害者側の過失」も過失相殺の対象とされる（最判昭和51年3月25日判時810号11頁）。

## (2) 過失相殺の基本的考え方

　交通事故における過失は，道交法上の優先関係をもとにした考え方を軸としている。もちろん，各事故の個別事情により，かかる考え方に拘束されない事故もあるが，基本的な軸は把握しておく必要がある。

### ア　優先車優先（道交法36条2項）

　一方が優先道路の場合，優先道路走行車が優先する

### イ　非停止車優先

　一方に一時停止の規制がある場合，一時停止の規制のない道路走行車が優先する

### ウ　広路車優先（道交法36条2項，3項）

　広い道路を走行してきた車の方が狭い道路を走行してきた車に優先する

### エ　左方車優先（道交法36条1項）

　他に優劣を認められないときは，左方車が優先する

　また，道路交通法上の優先関係にはあたらないが，交通事故においては，弱者保護の考え方も一般原則として考えることができる。四輪車よりも単車が，単車よりも自転車が，自転車よりも歩行者が，成人よりも幼児（6歳未満の者）・児童（6歳以上13歳未満の者）・高齢者（おおむね65歳以上）・身体障害者等の交通弱者に対し，過失の認定が優しく為される傾向にある。

## (3) 過失相殺の基準化

　過失相殺の有無は裁判官の裁量に任せられているが，迅速・公平な対応を可能とするため，一般的・客観的な基準が求められる。過失相殺基準は従前から多くの内容が公表されているが，その中でも実務上多用されているのは，東京地裁民事交通訴訟研究会編「民事交通訴訟における過失相殺率の認定基準全訂5版」（別冊判例タイムズNo.38）及び日弁連交通事故相談センター東京支部編「民事交通事故訴訟・損害賠償額算定基準」である。事故の主体から事故類型を体系づけ，事故場所，信号の有無，信号の色等，過失相殺率の基準化を図っている。もっとも，個別の交通事故はそれぞれ異なる経緯，経過，状況の元に発生することから，基準をそのまま利用できることは少ない。基準を参考にしながらも，個別事情に鑑みた過失の検討が必要になる。

　また，自転車同士の事故の過失相殺基準については，「自転車同士の事故の過失相殺基準（第一次試案，2014年2月公表）」（121頁，日弁連交通事故相談センター東京支部編「民事交通事故訴訟　損害賠償額算定基準　下巻（講演録編）」）が参考になろう。試案段階であり，確立した基準としての公表には至っていないが，自転車同士の事故の過失相殺基準は公表されているものが乏しいことから，参照すべきである。但し，個別事情を離れて基準を使用することが適切ではないことは，上記基準と同様である。

（Ⅲ章第2／弁護士　川原奈緒子）

# 損害賠償請求

# 第1　対人賠償責任保険のある場合

## 1　加害者が加入している保険の利用

### (1) 加害者が加入している保険の確認

　自動車は，自動車損害賠償責任保険（自賠責保険）または自動車損害賠償責任共済（自賠責共済）に加入しなければ，運行してはならないとされている（自賠法5条）。したがって，交通事故の当事者である加害者と被害者は，原則として，それぞれ自賠責保険または自賠責共済に加入していることとなる。

　また，任意自動車保険（対人賠償責任保険）の付保率は，全国で約74.8パーセント（損害保険料率算出機構「2019年度（2018年度統計）自動車保険の概況」）である。つまり，走行している車の4台のうち3台が任意自動車保険に加入しているといえる。

　加害者に対する損害賠償請求をするときは，まずは，加害者が自賠責保険と任意自動車保険に加入しているかどうかを確認する。

### (2) 加害者が自賠責保険，任意自動車保険共に加入しているとき

　**ア**　交通事故が発生すると，当事者は，救急（119番）や警察（110番）への連絡に加えて，それぞれが加入している任意保険会社に連絡をすることとなる。

　加害者が自賠責保険に加入しているかは，交通事故証明書の「自賠責保険関係」欄を確認することで，判明する。自賠責保険に加入しているときは，「有り　○○（保険会社名）」と記載されている。

　加害者が，任意自動車保険に加入しているかは，加害者本人に確認をする。また，加害者が任意自動車保険に加入しているときは，事故後，加害者加入の任意損保会社から，被害者に連絡があることが一般的である。

　**イ**　加害者が，任意自動車保険に加入しているかを教えてくれない

など，わからないときは，弁護士法23条の弁護士会照会制度を利用して，加害者が任意自動車保険に加入しているか調査することも検討する必要がある。照会先は，一般社団法人日本損害保険協会・一般社団法人外国損害保険協会などである。なお，全ての損保会社の照会が可能なわけではない。

**ウ** 任意自動車保険の多くは，示談代行サービスを行っているので，加害者が，自賠責保険・任意自動車保険に共に加入していることが判明したときは，その後は，任意自動車保険の担当者と損害賠償請求の交渉を行うことが多い。

## 2 対人賠償責任保険

### (1) 対人賠償責任保険とは

対人賠償責任保険とは，被保険自動車の事故により，被保険者が，車に乗車中の者や歩行者等を死亡させたり，けがをさせた場合に，法律上の損害賠償責任を負うことにより被る損害について，自賠責保険等で支払われるべき額を超える損害部分に対して，保険金を給付することを内容とする保険契約をいう。

自動車の保有者・運転者が，自賠責保険とは別に損保会社と締結する保険契約であり，自賠責保険でカバーできない損害を上乗せで補償する保険である。

### (2) 対人賠償責任保険の対象となる事故

被保険自動車の所有，使用または管理に起因して生じた偶然な事故により，他人の生命または身体を害する対人事故が対象となる。

### (3) 対人賠償責任保険の内容

#### ア 支払限度額

被保険自動車の対人賠償責任保険の契約内容に従って，支払限度額が定まるが，無制限であることが多い。

### イ　請求方法・請求から支払いまでの流れ

　交通事故が発生後，加害者が加入している損保会社に連絡をすると，損保会社による損害の確認・原因確認等，被害者との交渉を経て，保険金が算出され，その保険金請求意思を確認後，被害者に保険金が支払われることとなる。

### ウ　他の保険契約・法令による給付等との調整

　保険約款上，自賠責保険（共済）から支払われる金額は，対人賠償責任保険の保険金より控除される。もっとも，損保会社の多くは，一括払いをするので，自賠責保険（共済）からの支払金額を併せて支払われることが多い。

## 第2　対人賠償責任保険のない場合

### 1　加害者が対人賠償責任保険に加入していないとき

　加害者の加入している保険を調査した結果，自賠責保険にも，任意自動車保険にも加入していないことが判明したとき，被害者は，まず政府保障事業への請求を検討することになる。

　また，加害者側が加入している保険に付帯している他車運転危険担保特約が使えないかを検討する。

### 2　政府保障事業

### (1) 政府保障事業とは

　加害者の加入している保険を調査した結果，自賠責保険（共済）の期限切れなどにより，自賠責保険・任意自動車保険共に無保険であることがまれにある。また，ひき逃げ事故の場合など加害者が不明なときも，加害者の自賠責保険（共済）や任意自動車保険を利用することはできない。

　このような，いわゆる「無保険事故」の場合に，自賠責保険（共

済）によって救済を受けられない自動車事故の被害者を救済するため，政府保障事業制度が整備されている（自賠法第4章「政府の自動車損害賠償保障事業」）。

　この政府保障事業は，自動車の保有者が明らかではないとき（たとえば，ひき逃げ事故），または自賠責保険（共済）の被保険（共済）者以外の者が損害賠償責任を負うとき（無保険車事故）に，政府が，損害賠償責任のある者に代わって，損害相当額（補償金）を被害者へ立て替えて支払うものである。

## (2) 政府保障事業の対象となる事故

　政府保障事業の対象となる事故は，①加害者が不明の場合（ひき逃げなど）（自賠法72条1項前段），②加害者が被保険者でない場合（無保険車事故，盗難車事故など）（自賠法72条1項後段）である。

　自賠法に基づく制度であるから，物損事故や自損事故，自賠責保険の契約が締結できない車両（農耕作業用小型特殊自動車（小型耕運機等）や軽車両（自転車等）による事故はその対象外である。

## (3) 政府保障事業の内容

### ア　支払限度額

　政府保障事業から支払われる保障金は，自賠責保険（共済）と同様の限度額内で支払われる（自賠法72条。自賠法施行令20条，2条，別表第1及び別表第2）。

### イ　請求方法

　政府保障事業は，国が保障金の支払額決定を行い，それ以外の業務（支払い請求の受理，損害額に関する調査，保障金の支払い等）を17の損保会社・組合（2020年4月1日現在。国土交通省「自動車総合安全情報　政府保障事業について（ひき逃げ・無保険事故の被害者の救済）請求の受付窓口」）に委託している（自賠法77条）。

　保障金の請求に必要な書類（「政府の保証事業　請求キット」）は，

保障事業を委託されている損保会社（組合）の全国各支店等の窓口に備え置かれている。

### ウ　請求から支払いまでの流れ

　被害者は，どこでもよいから損保会社（組合）に請求書類を提出し，損保会社（組合）は受け付けた請求について，損害保険料率算出機構に調査を依頼する。損害料率算出機構は，必要に応じて，請求者に事実確認のための照会や連絡を取り，追加書類を徴求するなどして，調査の結果を損保会社（組合）を通じて国（国土交通省）に報告する。国は，保障額（てん補額）を決定し，損保会社（組合）を通じて，被害者に補償金を支払う（国土交通省「自動車総合安全情報　自賠責保険ポータルサイト　政府保障事業について」）。

　請求から支払まで相当な期間を要することが多いが，仮払金の制度はなく，内払も行われない。なお，独立行政法人自動車事故対策機構（NASVA）において政府保障事業の保障金にかかる一部立替貸付を行っている。

　請求できるのは，被害者のみ（死亡事故の場合は法定相続人等も請求できる）で，加害者からの請求はできない。政府が，被害者に保障金を支払った後は，政府が支払額を限度として加害者に請求することになる。

### エ　他の法令による給付等との調整

　政府保障事業は，自賠責保険（共済）によって救済を受けられない自動車事故の被害者を救済するための制度であり，社会保障的な要素が強い制度である。

　そのため，他の法令等による給付や賠償金の受領がある場合には，調整が行われる。

　被害者が，健康保険法，労働者災害補償保険法等に基づき損害のてん補に相当する給付を受けるべき場合は，相当する額の限度でてん補を受けられない（自賠法73条1項）。

### オ　政府保障事業の対象とならない場合

　自動車の保有者が自賠法3条の責任を負わない場合（自賠法72条1項後段）で，保有者以外の加害者が判明している場合に，被害者が加害者等から賠償金全部または一部を既に受け取っている場合，その金額の限度でてん補されない（自賠法73条2項）。

　また，国土交通省は，被害者と加害者の間で人身事故に関する示談が成立し，当該示談の条項どおりにその内容が履行され，損害賠償金が被害者に支払われている場合，政府保障事業のてん補の対象とならないとしている（国土交通省「自動車総合安全情報　自賠責保険ポータルサイト　政府保障事業について」）。

　そのため，政府保障事業に対する請求は，損害賠償責任者から支払いを受ける前に行うことが望ましい。

　また，政府保障事業は，他の手段によって救済されない被害者に対し，必要最小限の救済を図ることを目的として創設された制度であることを理由に，自動車保険（人傷保険）から既に損害に対する支払いを受け救済されている場合は，その限度で，被害者に対する損害のてん補を行わないとされる（国土交通省　自賠責保険ポータルサイト　Q&A）。なお，人傷保険も，約款上，政府保障事業によって既に給付が決定し又は支払われた金額は，保険金額から同額を控除して支払われることになる。

### カ　自賠責保険と異なる点

　政府保障事業は，自賠責保険と同じく，自賠法に定められる制度であり，自賠責保険（共済）と同様に自賠法施行令20条に定められる限度額内で保障金が支払われるという点で類似しているが，自賠責保険と異なる点も複数ある。

　自賠責保険では，複数台事故の場合，自動車数に限度額を乗じた範囲内で損害賠償金が支払われるが，政府保障事業では，複数の加害車の保有者のうち一名だけでも明らかであり，かつ，同人が自賠責保険に加入していて事故につき被保険者となるべき者であるため，

同人の加入している自賠責保険から損害の填補を受けることができるときにおいて保障金は支払われない（判昭和54年12月4日民集33巻7号723頁）。

政府保障事業では，被害者と生計を一にする親族との間の事故の場合は，原則としててん補されない。被害者に対し損害をてん補した後，加害者が判明していれば，加害者に請求することになることから，迂遠を回避するためである。

また，消滅時効について，時効の援用を要しない点でも自賠責保険とは異なる。

## 3　他車運転危険担保特約

### (1) 他車運転危険担保特約とは

他人の自動車（借用自動車）を一時的に借りて運転しているときに事故を起こした場合，借用自動車を被保険自動車とみなして，被保険自動車の対人賠償責任保険等の契約内容に従って，運転者が賠償責任を負うことによって被る損害を保険金によっててん補する特約である。

近時の自動車保険契約では，保険会社ごとに，他車運転危険補償特約，多用運転特約，他車運転特約等名称が異なり，単独の保険契約ではなく，任意自動車保険の特約と位置づけられて，対人賠償責任保険等に自動的に付帯されていることが多い。

加害者が運転中の借用自動車が対人賠償責任保険に加入していなくても，加害者側の所有する自動車（被保険自動車）が対人賠償責任保険等に加入していれば，この他車運転危険担保特約が使える場合がある。

### (2) 他車運転危険担保特約の対象となる事故

#### ア　被保険者

記名被保険者，記名被保険者の配偶者，記名被保険者・その配偶者の同居の親族，記名被保険者・その配偶者の別居の未婚の子，記

名被保険者の業務（家事を除く）に従事中の使用人が他車運転危険担保特約の被保険者となる。

### イ　被保険自動車の要件

他車運転危険担保特約は，被保険自動車の用途・種類が，原則として自家用8車種（自家用普通乗用車，自家用小型乗用車，自家用軽四輪乗用車，自家用普通貨物車（最大積載量0.5トン超2トン以下），自家用普通貨物車（最大積載量0.5トン以下），自家用小型貨物車，自家用軽四輪貨物車，特殊用途自動車（キャンピング車））に限定されている。

また，被保険自動車の所有者が個人であること，対人賠償責任保険の記名被保険者が個人であることが要件となる。

### ウ　借用自動車の要件

借用自動車も，原則として自家用車であることが要件であるが，借用自動車の所有者が法人か個人かは問われない。

また，借用自動車からは，記名被保険者・その配偶者・それらの同居の親族が所有する自動車または常時使用する自動車は除外される。常時使用する自動車に該当するかについて，「当該自動車の使用状況からみて，事実上所有しているものと評価し得るほどの支配力を及ぼしていることまで要するものではなく，その使用の形態に照らして日常的に使用しているか否か，また，当該自動車の所有者又は使用者の個別的，一時的な使用許可ではなく，包括的な使用許可に基づくものであるか否かという観点」から判断するとした裁判例がある（東京高判平成31年3月14日LLI／DB判例秘書搭載）。

### エ　「運転者として運転中」の要件

記名被保険者等が，自ら運転者として運転中の借用自動車による事故が対象となる。

「運転者として運転中」とは，被保険者が自ら運転席に着席して借用自動車の各種装置を操作し，発進，進行方向の維持，変更等自動車の走行について必要な措置をとっている間をいう。駐車や停車

中は除外される。

### (3) 他車運転危険担保特約の内容

#### ア　支払限度額

　被保険自動車の対人賠償責任保険等の契約内容に従って，支払限度額が定まる。

#### イ　請求方法・請求から支払いまでの流れ

　交通事故が発生後，加害者が加入している任意保険会社に連絡をすると，保険会社が他車運転危険担保特約の対象かどうかを確認し，対象となるときは，損害の確認・原因確認等を経て，保険金が算出され，被害者の保険金請求意思を確認後，被害者に保険金が支払われることとなる。

　損害額の算定は，保険会社が約款により定める対人賠償責任保険条項等によることとなり，過失相殺もされる。

#### ウ　他の保険契約・法令による給付等との調整

　保険約款上，被害者が，自賠責保険（共済）から支払われる金額は，他車運転危険担保特約の保険金より控除される。

　保険会社ごとに契約約款が異なるのでその内容を精査する必要がある。

## 第3　被害者本人の保険の利用

### 1　被害者が加入している保険の確認

　加害者の加入している保険を調査した結果，自賠責保険にも，任意自動車保険にも加入していないことが判明したときは，被害者は，自らが加入している人身傷害補償保険や任意自動車保険に付帯している無保険車傷害保険（特約）が使えないかを検討する。

## 2　人身傷害補償保険（人傷保険）

### (1) 人傷保険とは

　被害者（被保険者）が，被保険自動車に搭乗中に，自動車の運行に起因する事故等の急激かつ偶然な外来の事故により身体に傷害を被ることによって，被保険者が被る損害に対し，保険金を給付することを内容とする保険契約である。

　加害者が自賠責保険（共済）や任意自動車保険に加入していないため，加害者の対人賠償責任保険が使えない場合，事故の責任や損害額，過失割合について争いがあるため，損害賠償金の受領までに時間がかかる場合など，被害者が加入する人傷保険を利用して，人傷保険の保険金を先行して受領することを検討する。

### (2) 人傷保険の対象となる事故

#### ア　被保険者

　被保険自動車の正規の乗車装置または正規の自動車装置のある室内に搭乗中の者，被保険自動車の保有者，被保険自動車の運転者が被保険者となる。被保険自動車の保有者と運転者については，被保険契約者の運行に起因する事故の場合に限られる。

#### イ　対象となる事故（保険事故）

　自動車または原動機付自転車の運行に起因する事故または被保険自動車の運行中の飛来中または落下中の他物との衝突，火災または爆発，被保険自動車の落下に該当する急激かつ偶然な外来の事故が保険事故となる。

#### ウ　特約による被保険者・保険事故の拡張

　人身傷害の他車搭乗中および車外自動車事故補償特約，人身傷害車外事故特約等により，他の自動車に搭乗中の事故や，歩行中の自動車事故，自転車などを運転中の自動車事故も補償の対象となることがあるので，これらの特約が付帯していないか，保険契約の内容を確認する。

## (3) 人傷保険の内容

### ア　支払保険金・限度額

　保険会社の人傷基準損害額（傷害，後遺障害，死亡ごとに定められている）に費用額（損害防止費用，請求権の保全，行使手続費用）を加えた金額が給付の対象となる。

　人傷保険契約によって定められた保険金額（いわゆるアマウント）を限度とする。3000万円以上1000万円単位の金額（2億円超は「無制限」）とする損保会社が多い。

### イ　請求方法・請求から支払いまでの流れ

　保険金請求権者は，被保険者，被保険者の法定相続人（ただし，被保険者が死亡した場合に限る），被保険者の配偶者，父母または子である。

　交通事故の発生後，被害者（被保険者）が加入している損保保険会社に連絡をすると，損保会社が人傷保険の対象かどうかを確認し，対象となるときは，損害の確認・原因確認等を経て，保険金が算出され，保険金請求意思を確認後，被害者（保険金請求権者）に保険金が支払われることとなる。

### ウ　他の保険契約・法令による給付等との調整

　人傷保険約款上，保険金請求権者が，自賠責保険，政府保障事業により既に給付が決定しまたは支払われた金額，賠償義務者が法律上の損害賠償責任を負担することによって被る損害に対して，対人賠償責任保険等によって既に給付が決定または支払われた保険金（共済金）の額，保険金請求権者が賠償義務者から既に取得した損害賠償金の額，給付の対象となるもののうち，賠償義務者以外の第三者が負担すべき額で既に取得した額，健康保険法，労働者災害補償保険法等によって既に給付が決定しまたは支払われた額等の合計額が保険金請求権者の自己負担額を超過するときは，人傷保険の保険金より超過額を控除される（→後述(4)参照）。

　保険会社ごとに契約約款が異なるのでその内容を精査する必要が

ある。
### エ　人傷保険の対象とならない場合
　被害者が被保険者に該当する場合であっても，極めて異常かつ危
険な方法で被保険自動車に搭乗中の者，業務として被保険自動車を
受託している自動車取扱業者は，被保険者に当たらないとされる。

## (4) 損保会社による請求権代位の問題
### ア　損保会社による請求権代位
　人傷保険では，損保会社は，被害者（被保険者）に対し，自己過
失分も含めて保険金を支払い，その後，加害者に求償する。これは，
自動車保険の保険約款に，損保会社が被害者（被保険者）の損害に
対して保険金を支払ったときは，その債権は損保会社に移転すると
の代位規定が置かれていることによる。人身傷害基準（人傷基準）
は，損害賠償基準に比較して保険金額が低額であり，損保会社が，
被害者（被保険者）の損害額全額ではなく，その一部のみを支払っ
たとき，保険契約上の，「被害者（被保険者）の損害額から，保険
金が支払われていない損害額を差し引いた額について代位する」等
と定められた約款をどのように解するべきかが，問題となる。
　この問題は，特に被害者（被保険者）に過失がある場合に顕在化
し，被害者（被保険者）は人傷保険金と損害賠償金を合計していく
ら取得できるか，人傷保険金が先に支払われた場合，損保会社はど
の範囲で損害賠償請求権を代位取得するかについて，見解が分かれ
ており，絶対説，訴訟基準差額説，人傷基準差額説等の考え方があ
る。
### イ　人傷保険先行の場合
　人傷保険金を先に受領した場合，絶対説，訴訟基準差額説，人傷
基準差額説によると，加害者に対する損害賠償請求権との充当関係，
損保会社の請求権代位の範囲についての結論が大きく異なる。具体
的な事例をもとに検討したい。

## 【事例】

| | |
|---|---|
| 訴訟基準での過失相殺前損害額 | 1億円 |
| 人傷基準で積算した損害額 | 8000万円 |
| 人傷保険金額（支払限度額） | 6000万円 |
| 過失割合 | 40％ |

### a　絶対説

　絶対説は，人傷保険金を加害者負担部分に先に充当する考え方である。

　上記事例について考えると，訴訟基準での過失相殺前の損害額が1億円であり，被害者の過失割合が40％であるから，被害者は加害者に対して，6000万円の損害賠償請求権を有することになる。この被害者の加害者に対する損害賠償請求権6000万円の部分に，人傷保険金6000万円を先に充当するので，被害者は，加害者に対する請求権を失い，残り4000万円は回収できなくなる。損保会社は，加害者に対する6000万円の損害賠償請求権を代位取得することになる。

| 加害者負担部分<br>6000万円 | 被害者負担部分<br>4000万円 |
|---|---|
| 人傷保険金<br>6000万円 | 未回収分<br>4000万円 |

### b　訴訟基準差額説

　訴訟基準差額説は，人傷保険金を被害者負担部分に先に充当する考え方である。

　上記事例について考えると，訴訟基準での過失相殺前の損害額が1億円であり，被害者の過失割合が40％であるから，被害者の損害負担部分は，4000万円となる。この被害者の負担部分4000万

円に，人傷保険金6000万円を先に充当するので，被害者は，加害者に対して本来であれば請求することのできない4000万円と加害者に対する損害賠償請求権のうち2000万円の部分について損保会社から支払いを受けることになる。

　被害者は，加害者に対する損害賠償請求権のうち2000万円の部分を失うが，残りの4000万円の損害賠償請求権はなお行使することが可能である。他方，損保会社は，加害者に対する2000万円の損害賠償請求権を代位取得することになる。

| 加害者負担部分<br>6000万円 | 被害者負担部分<br>4000万円 |
|---|---|

| 4000万円<br>加害者に請求可 | 人傷保険金<br>6000万円 |
|---|---|

$\longleftarrow$

### c　人傷基準差額説

　人傷基準差額説は，人傷保険金を被害者負担部分に先に充当する考え方であるが，人傷保険金額（支払限度額）を基準とする点で訴訟基準差額説とは異なる。

　上記事例について考えると，過失相殺前の損害額が1億円であり，被害者の過失割合が40％であるから，被害者の損害負担部分は，4000万円となる。人傷基準での損害額8000万円を損害総額として，過失相殺後の損害賠償請求権の金額との差額2000万円に充当し，残りを加害者の負担部分4000万円に充当することになる。被害者は，加害者に対して6000万円から4000万円を控除した残りの2000万円をなお請求することができるが，訴訟基準である1億円と人傷基準である8000万円の差額2000万円を回収することができない。損保会社は，加害者に対する4000万円の損害賠償請求権を代位取得することになる。

| 加害者負担部分<br>6000万円 | 被害者負担部分<br>4000万円 |
|---|---|

| 2000万円<br>加害者に<br>請求可 | 人傷保険金<br>6000万円 | 未回収分<br>2000万円 |
|---|---|---|

$\longleftrightarrow$　人傷基準損害額8000万円

**ウ**　最高裁平成24年 2 月20日判決は，「保険者は，保険金請求権者
の権利を害さない範囲内で，保険金請求権者が加害者に対して有
する損害賠償請求権を代位取得する旨の定めがある人傷保険が締
結されている場合において，同保険に基づいて保険金を支払った
保険者は，保険金請求権者に民法上認められるべき過失相殺前の
損害額に相当する額が確保されるように，保険金の額と被害者の
加害者に対する過失相殺後の損害賠償請求権の額との合計額が民
法上認められるべき過失相殺前の損害額を上回る場合に限り，そ
の上回る部分に相当する額の範囲で保険金請求権者の加害者に対
する損害賠償請求権を代位取得する。」と判示した（最判平成24
年 2 月20日判時2145号103頁）。

この最高裁判決を受けて，訴訟実務では，訴訟基準差額説が採用
されている（最判平成24年 5 月29日判時2155号109頁）。

**エ　損害賠償先行の場合**

保険法施行前の人傷保険約款においては，加害者側から受領した
損害賠償金の全額を人傷保険金額から控除すると読めるものがあり，
この場合，人傷保険金を先に受領し，その後に加害者に対して損害
賠償請求しないと被害者が取得する総額が著しく低くなるおそれが
あった。

その後，保険法が施行され，人傷保険約款も改訂された。

近時では，人傷基準により算定した損害額と支払われる人傷保険
金額（人傷保険金の支払限度額であることが多い）との差額を「自

己負担額」とし，「既に受領した損害賠償金等が自己負担額を超えるときは，その超過額を支払い保険金額から控除する」と定めるものが多い。なお，この規定については，後述の読替え規定が定められている場合があるので，注意を要する。

イの事例でいうと，人傷基準で積算した損害額8000万円から人傷保険限度額6000万円を差し引いた2000万円が自己負担額となる。損害賠償金6000万円から自己負担額2000万円を差し引いた4000万円を人傷保険限度額6000万円から控除した2000万円が人傷保険から支払われる。被害者は，損害賠償金等6000万円，人傷保険金2000万円の合計8000万円，すなわち，人傷基準で積算した過失相殺をする前の損害額を取得できることになる。

## (5) 読替え規定

さらに近時の人傷保険約款では，「自己負担額」を導くための「損害の額」の算出にあたり，「判決または裁判上の和解において賠償義務者が負担すべき損害賠償額が人傷基準と異なる基準により算定された場合であって，その基準が社会通念上妥当であると認められるときは，その基準により算出された額を（人傷基準における）損害額とみなす」とする，訴訟基準への読替え規定を設けているものが多い。

この読替え規定がある場合について，上記(4)イの事例でいうと，訴訟基準で積算した過失相殺前の損害額1億円から人傷保険限度額6000万円を差し引いた4000万円が自己負担額となり，その結果，損害賠償金6000万円から自己負担額4000万円を差し引いた2000万円を人傷保険限度額6000万円から控除するため，被害者には，人傷保険から4000万円が支払われることになる。被害者は，損害賠償金6000万円，人傷保険金4000万円の合計1億円，すなわち，訴訟基準で積算した過失相殺をする前の損害額全額を取得できることになる。

「その基準が社会通念上妥当であると認められるとき」という条件が付されているため，例えば，被害者が損害賠償請求訴訟を提起した

が，加害者が欠席のまま，被害者の請求が満額認められた場合において，その請求金額が社会通念上著しく高額であるというような場合は，この読替え規定が適用されないこともありうる。

### 3　無保険車傷害保険（特約）

### (1)　無保険車傷害保険（特約）とは

　無保険車傷害保険とは，被保険者が人身事故の被害者になったが，加害者が自賠責保険や対人賠償責任保険に加入していなかったり，加入していても保険金額が不十分な場合，あるいは，政府保障事業からの保障金が十分でなかった場合のリスクに備える損害てん補方式の傷害保険である。非常に役立つ保険なので，被害者側の代理人となったときは，念のため確認しておくことをお勧めする。

　近時の自動車保険契約では，単独の保険契約ではなく，任意自動車保険の特約と位置づけられて，対人賠償責任保険に自動的に付帯されたり，人傷保険に加入しないときに自動的に付帯されていることが多い。

　「無保険自動車」とは，厳密な意味で保険が付いていない場合だけではない。①その自動車に適用される対人賠償責任保険等がない場合，②対人賠償責任保険が付いているが，免責等で，その自動車について適用される対人賠償責任保険等によって，被害者が被る損害について，法律上の損害賠償責任を負担する者が，その責任を負担することによって被る損害に対して保険金又は共済金の支払を全く受けることができない場合，③対人賠償責任保険が付いているが，その自動車について適用される対人賠償責任保険等の支払限度額が，無保険車傷害保険金の限度額よりも低い場合等が該当する。

　加害者が運転中の自動車が対人賠償責任保険に加入していなくても，被害者が加入する対人賠償責任保険に付帯している無保険車傷害保険（特約）が使える場合がある。

## (2) 無保険車傷害保険（特約）の対象となる事故

保険に加入していない自動車等との事故で，被保険者やその家族（父母，配偶者，子等）が死亡し，または後遺障害が生じた場合で，相手方が賠償金の支払い能力がないときや，十分な補償を受けられないときに，支払限度額の範囲内で，損保会社の支払基準によって定められた保険金額が支払われる。加害者側に賠償義務者がいることが前提である。

被害者に生じた損害が傷害にとどまるときは，対象外となる。

## (3) 無保険車傷害保険（特約）の内容

### ア　被保険者

記名被保険者，記名被保険者の配偶者，記名被保険者・その配偶者の同居の親族，記名被保険者・その配偶者の別居の未婚の子，これらに該当しない者で被保険自動車の正規の乗車装置・正規の自動車装置のある室内に搭乗中の者等が無保険車傷害保険（特約）の被保険者となる。

### イ　支払保険金・限度額

死亡保険金，後遺障害保険金，重度後遺障害特別保険金，重度後遺障害介護費用保険金，入院保険金等が給付の対象である。損害額の算定は，損保会社が約款により定める人傷基準等によることが多い。

支払限度額は，損保会社ごとに異なるが，2億円を限度とするものが多く，中には無制限のものもある。

### ウ　免責

加害者が，被保険者の配偶者，被保険者の父母または子，被保険者がその使用者の業務に従事している場合の被保険者の使用者，被保険者の使用者の業務に無保険自動車を使用している他の使用人であるときは，損保会社は免責される。

### エ　請求方法・請求から支払いまでの流れ

　交通事故が発生後，被害者が加入している任意損保会社に連絡を
すると，損保会社が無保険車傷害保険（特約）の対象かどうかを確
認し，対象となるときは，損害の確認・原因確認等を経て，保険金
が算出され，被害者の保険金請求意思を確認後，被害者に保険金が
支払われることとなる。

### オ　他の保険契約・法令による給付等との調整

　保険約款上，被害者が，自賠責保険，政府保障事業により既に給
付が決定しまたは支払われた金額，賠償義務者が法律上の損害賠償
責任を負担することによって被る損害に対して，対人賠償責任保険
等によって既に給付が決定または支払われた保険金（共済金）の額，
人傷保険で保険金が支払われるときはその金額，保険金請求権者が
賠償義務者から既に取得した損害賠償金の額，健康保険法，労働者
災害補償保険法等によって既に給付が決定しまたは支払われた額等
は，無保険車傷害保険（特約）の保険金より控除される。

　保険会社ごとに契約約款が異なるのでその内容を精査する必要が
ある。

## 4　弁護士費用特約

### (1) 弁護士費用特約とは

　弁護士費用特約とは，交通事故により，怪我をしたり，車や物が壊
れたときに，被害者が相手方へ損害賠償請求をするために，その交渉
を弁護士に依頼したときに発生する費用（弁護士報酬や訴訟費用など
の実費）について，保険約款に基づいて，損保会社が保険金を給付す
る特約をいう。法律相談の費用についても保険金支払の対象となるも
のもある。

　交通事故の被害者は，自分が加入している任意自動車保険に弁護士
費用特約が付いていないかを確認し，特約があれば，任意損保会社に
対して，弁護士費用特約の利用を申し入れることとなる。弁護士への

委任自体についても，任意損保会社の承認が必要とされることもある。

　弁護士費用特約は，「相手方への損害賠償請求」をするための費用を賄う保険であるから，交通事故の加害者となったときは自分の損害がなければ弁護士費用特約の対象外である。また，刑事事件についての費用も対象外である。

　弁護士費用特約を使いたいという相談者には，受任の範囲は相手方への損害賠償請求に限られること，刑事事件は含まれないこと，また，次に述べるように支払限度額や支払基準が定まっているので事件の内容によっては弁護士費用全額が支払われず相談者が一部負担することがあること等をきちんと説明し，相談者の了承を得ることが望ましい。

### (2) 支払保険金・限度額

　弁護士費用特約による弁護士費用保険金として，着手金・報酬金・日当・その他の実費等が給付の対象となり，損保会社がその支払基準を定めている。支払限度額は300万円とされることが多い。

### (3) 弁護士費用特約保険金と損害賠償義務との関係

　弁護士費用特約保険金と損害賠償義務との関係について，被害者が弁護士費用特約により，弁護士費用の支払を受けた場合でも，加害者は弁護士費用の損害の賠償義務を免れないとした裁判例がある（大阪地裁平成21年3月24日判決　交民42・2・418）。

　ただし，弁護士費用特約上，弁護士等への委任の取り消し等により支払った弁護士費用等の返還を受けた場合，判決に基づき弁護士費用の支払いを受けた場合には，損保会社から支払済みの弁護士費用保険金の返還を求められる（あるいは代位する）場合があることに注意を要する。

　被害者が弁護士費用特約により，損保会社から弁護士費用の支払を受けた場合，損保会社が弁護士費用についての損害賠償請求権を代位取得したから，被害者は加害者に請求することができないとした裁判

例がある（さいたま地判平成22年10月19日自保ジ1842号73頁）。

## 5　その他の保険契約

### (1) 一般の傷害保険

　傷害保険とは，一般的に，被保険者が，日本国内または国外において，急激かつ偶然な外来の事故によりけがをした場合等に，保険金を給付する内容の保険契約である。

　被保険者が交通事故により怪我をした場合も，急激かつ偶然な外来の事故に該当すれば，保険金給付の対象となる。

　なお，傷害保険契約約款上事故の発生日から一定期間内に保険会社に通知をしない場合，保険金の全額または一部を支払うことができないとされる場合もあるので，相談を受けたときは，被害者が傷害保険に加入していないか，速やかに確認をする必要がある。個人賠償責任補償特約が付帯する場合もある。

### (2) 火災保険

　火災保険とは，住宅を取り巻くリスクを補償する保険である。

　一般的には，住宅の火災，落雷，ガス爆発等の損害を補償するものであるが，建物外部から，自動車が衝突したことにより建物が損害を受けた場合も保険金給付の対象となる。さらに，契約によっては，自動車の車庫入れに失敗して，車庫を壊してしまった場合にも保険金の給付を受けることができる場合や，重度後遺障害や死亡時などに傷害保険金が支払われることもあるので，自ら締結している火災保険契約の内容を確認する必要がある。

（Ⅳ章／弁護士　林　恵子）

# 自転車事故の特性

## 第1　自転車の交通に関する法規制

### 1　自転車は「軽車両」である

　道交法上は，自転車は「車両」にあたるが，その中でも「軽車両」であるため（道交法2条2項8号，11号），自動車とは異なる法規制を受ける場面もある。さらに，「普通自転車」（車体の大きさ及び構造が内閣府令で定める基準に適合する二輪ないし四輪の自転車で，他の車両を牽引していないもの）は，他の軽車両とも異なる規制（道交法3章13節自転車の交通方法の特例）を受ける。

　自転車の交通に関する法規制を概観すると，次のとおりである。

### 2　車道通行か，歩道通行か

　自転車は，「車両（軽車両）」にあたるため，自動車と同様，原則として車道を通行しなければならない（道交法17条）。

　ただし，例外的に，普通自転車が歩道を通行できる場合がある（道交法63条の4）。道路標識等により自転車が歩道通行可とされている場合，自転車運転者が幼児・児童，70歳以上の者，身体障害者等の場合，その他車道通行が危険と思われるような場合である。

　ただし，歩道を通行できる場合にも，歩道上は歩行者優先であるため，普通自転車は，歩道の中央から車道寄りの部分を徐行し，歩行者の通行を妨げることとなるときは一時停止しなければならない。

### 3　車両としての規制

　車道その他の道路上では，自転車は，基本的には自動車と同様の規制を受ける。

　例えば，交差点での徐行義務（道交法36条，42条），一時停止義務（道交法43条），道路上での左側部分通行（道交法17条），急ブレーキ（道交法24条）や進路変更（道交法26条の2）の禁止，さらに，自動

車と同じように，夜間の灯火義務（道交法52条），乗車人数や積載の制限（道交法55条），酒気帯びや過労運転の禁止（道交法65条，66条），安全運転義務（道交法70条）が課されている。

### 4　軽車両としての規制

さらに，自転車は軽車両として，道路の左側端通行義務（道交法18条），交差点での二段階右折義務を負う（道交法34条3項）。また，著しく歩行者の通行を妨げることとなる場合を除き，道路の左側の路側帯を通行できる（歩行者の通行を妨げないような速度と方法で。道交法17条の2）。

### 5　運転者の遵守事項

道交法の「運転者の遵守事項」（道交法71条）については，自転車に関してはその多くは，都道府県ごとの規則等で詳細に定められている。多くの規則では，傘差し運転や携帯電話の使用，イヤホンなどで音楽を聞きながらの運転等が禁止されている。

### 6　その他

そのほか，平成25年6月の道交法改正により，警察官が自転車のブレーキに関し検査を行い，運転を中止させる措置をとることができる制度，交通違反常習者の講習制度が設けられている。

## 第2　自転車の損害賠償責任

### 1　自転車事故の論点

自転車事故（以下では，自転車事故のうち，自転車が加害者となる事故，特に歩行者と自転車との事故，自転車同士の事故についてとりあげ，「自転車事故」とはこれらを指すものとする）の損害賠償につ

いては，特に，責任論（損害賠償責任の成立根拠），保険，過失相殺について，自動車が加害者となる事故とは異なる知識や考え方が必要となる。

　責任論が問題となるのは，自転車には自賠法の適用がなく，加害者の責任は，民法709条以下の不法行為責任によるためである。

　保険に関しては，自賠法の適用がなく自賠責保険のような強制保険の制度がないこと，自動車保険のような任意保険が十分普及していないことから，自転車事故をカバーする保険の知識が必要となる。

　過失相殺については，従うべき交通法規や，乗り物としての特殊性の違いなどから，自動車事故とは異なる考え方をすべき場面があることに加え，自転車が軽量で，進路も直線的でないことなどから，後日，事故態様を把握することが困難な場合も多いことなども，よく指摘されるところである。

## 2　自転車事故と損害賠償責任（責任論）

　自転車事故における賠償責任は，基本的には民法709条に基づいて，自転車を運転して事故を起こした者（運転者）のみが負うこととなる。自賠法が，事故の基本的な責任を，自動車につき運行支配・運行利益を有する保有者等の運行供用者に負わせているのと大きく異なる点である。

　その結果，自転車事故においては，被害者側が，加害者（自転車運転者）に事故発生について過失があることを主張立証する責任を負うこととなる。ただし，自転車も車両であり，自転車を運転して歩行者や他の自転車運転者にけがをさせた場合には，基本的には自転車運転者に過失があるとされる場合が多いと言えよう。

## 3　子どもの事故
### (1) 原則的な考え方

　上述のように，自転車事故において損害賠償責任を負うのは，基本

的には運転者自身であるが，自転車は自動車と比べると格段に安価で，また免許がなくても誰でも運転できるものであるため，加害運転者が子どもである場合も少なくない。この場合にも，基本的には，運転者である子ども自身が民法709条に基づく損害賠償責任を負うことになる。

　ただし，親権者等の監督義務者が責任を負う場合もある。

　子どもには十分な賠償資力がない場合がほとんどであるから，加害者が子どもである自転車事故においては，保険の有無を検討するとともに，運転者である子ども以外の賠償責任者の有無を検討することが重要となる。

## (2) 責任能力と監督義務者の責任

### ア　責任無能力者の事故

　子どもが自転車で事故を起こした場合，子どもが責任無能力者（民法712条）である場合には，子ども自身は責任を追わず，代わりに親権者等の監督義務者が基本的に賠償責任を負うこととなる（民法714条）。

　子どもの責任能力については，一般的には小学生までは責任能力がないと考えられているが，自転車事故についての裁判例をみても，中学1年生前後で判断がわかれ，小学生については責任能力が否定される場合が多い。

### イ　責任無能力者の事故で親権者の責任が免責される場合

　民法は，「監督義務者がその義務を怠らなかったとき，又はその義務を怠らなくても損害が生ずべきであったとき」（民法714条1項但書）は，監督義務者が免責されるとしている。

　この点，一般に，親権者は，その生活関係全般において他人に危害を加えないよう指導教育する義務を負う（直接の監視下にない未成年者の行動についても同様）と考えられることから，免責が認められる場合はほとんどないと言われている。

　ただし，最判平成27年4月9日判時2261号145頁は，責任能力の
ない未成年者が，サッカーボールを蹴って他人に損害を加えた場合
において，親権者の免責を認めた。

　本判決は「本件ゴールに向けてサッカーボールを蹴ったことは，
ボールが本件道路に転がり出る可能性があり，本件道路を通行する
第三者との関係では危険性を有する行為であった」としつつ，校庭
のフリーキックの練習は，当該校庭の日常的な使用方法としての通
常の行為であり，通常は人身に危険が及ぶような行為であるとはい
えないとし，「親権者の直接的な監視下にない子の行動についての
日頃の指導監督は，ある程度一般的なものとならざるを得ないから，
通常は人身に危険が及ぶものとはみられない行為によってたまたま
人身に損害を生じさせた場合は，当該行為について具体的に予見可
能であるなど特別の事情が認められない限り，子に対する監督義務
を尽くしていなかったとすべきではない」として，親権者の免責を
認めている。

　自転車事故について検討すると，自転車も「車両」であることや
自転車による事故の増加という社会事情に鑑みると，一般的に自転
車の運転が「通常は人身に危険が及ぶものとはみられない行為」で
あるとは考えられず，やはり親権者の免責を認める余地はほとんど
ないのではないかとも思われる。ただし，今後の裁判例の動向を注
視する必要はあろう。

### ウ　子どもが責任能力を有する場合

　自転車を運転していた子どもが責任能力を有する場合には，子ど
も自身が賠償責任を負い，原則として親権者は責任を負わない。

　ただし，判例は，一定の場合，責任能力ある子どもの親権者の責
任を肯定する。すなわち，被害者が，親権者が監督義務を怠ったこ
と，監督義務を尽くしていれば事故を防ぎえたこと（義務違反と結
果との間に相当因果関係が認められること）を具体的に主張立証し
た場合には親権者の責任が認められるとされている（最判昭和49年

３月22日民集28巻２号347頁）。

　自転車事故の裁判例をみると，子どもが12歳～14歳という低年齢の場合に，責任能力があっても，事案に応じ，親権者の民法709条責任を肯定するものがあるが，子どもが17歳にもなると，自転車事故で親権者の責任を肯定する裁判例は見あたらなくなる。

　そして，子どもが低年齢の場合で親権者の民法709条責任が肯定された裁判例の事案をみると，ライトの故障や高速度，遊戯をしながらの運転等の運転行為の危険性を指摘し，これを知って放置したこと，あるいはこれを知らなかったことにつき，親権者に監督義務違反があるとして親権者の責任を肯定するものがある。

　他方で，親権者の責任を否定した裁判例をみると，具体的な指導監督義務違反の主張がなかったり，無灯火運転であったとしても過去に問題行動，事故歴等がなかったことを指摘して親権者の責任を否定する裁判例もある。

　親権者の責任の肯否の判断は事案によると言わざるを得ないが，いずれにしても，子どもに責任能力がある場合には，親権者の指導監督義務違反と，それが事故に原因を与えたことなどについて，具体的な主張立証を行うことが不可欠といえよう。

### エ　学校の責任

　責任無能力者である子どもが，学校の教育課程で自転車事故を起こしたような場合には，学校は代理監督者（民法714条２項）として，子どもに代わり損害賠償責任を負うと考えられる。

　また，責任能力ある子どもの事故であっても，同じく，自転車運転教育中など教育課程における自転車事故については，学校側に生徒の監督義務違反があったと言える場合には，学校自身が国賠法あるいは不法行為による損害賠償責任を負うことがありうる。

　これに対し，放課後や無断外出中の事故については，個別具体的な事例によって判断が分かれるものと思われるが，責任が肯定されるには，放課後等における生徒の活動についての学校側の指導監督

義務の有無，事故の予見可能性の有無などについて，具体的かつ説得的な主張立証が必要となろう。特に，単に通学中というだけでは，学校側の責任は肯定されにくいと思われる。

## 4　従業員の事故—使用者責任（民法715条）

### (1) 自転車事故と使用者責任

使用者責任は，他人に使用されている者（被用者）が，その使用者（雇用主）の事業を執行するについて他人に損害を与えた場合に，使用者が責任を負うことを定めたものである。

自転車事故においては，例えば，出前の行き帰りの事故，新聞配達中の自転車事故などは，使用者責任が発生する典型的な場面といえる。

また，「事業の執行」は，行為の外形から判断されるため（最判昭和40年11月30日民集19巻8号2049頁），厳密には業務執行中の事故とはいえなくても，加害者の自転車走行を外形から判断して使用者責任が肯定される場合もある。

### (2) 裁判例

裁判例をみると，自転車便の運転手が業務に使用する無線機を借り受けるために，事務所に向かう途上の事故について使用者責任を肯定したものがあるが（東京地判平成25年8月6日判時2220号59頁），他方で，外国語学校講師の休憩時間中の事故（大阪地判平成19年3月28日自保ジ1723号13頁）や，自転車通勤者のいつもの通勤コース途上の事故（広島高裁松江支判平成14年10月30日判タ1131号179頁）などでは，使用者責任が否定されている。

# 第3 自転車事故と保険

## 1 自転車保険

　最近では，「自転車保険」として販売される保険も増えてきたが，「自転車保険」として販売されている商品を見ると，「傷害保険」を基本に，「個人賠償責任保険」を付帯しているものが多いようである。

　以下，一般的な「個人賠償責任保険」「傷害保険」を説明する。

## 2 個人賠償責任保険

　「個人賠償責任保険」とは，個人が日常生活上，第三者の生命や身体，財物に損害を与え，賠償責任を負担した場合に，その賠償責任を負担した者に生ずる経済的損害をてん補するための保険である。その保障範囲は自転車事故に限られず，生活全般での事故が補償対象となる。

　個人賠償責任保険は，単独の保険商品となってはおらず，他の保険（自動車保険，火災保険，家財保険，傷害保険など）の「特約」として付いている場合が多い。クレジットカードに特約が付帯している場合もある。

　また，契約者自身が他人に損害を与えた場合に限らず，契約者と生計を同一にする親族が他人に損害を与えた場合も，補償対象とする場合が多いようである。

　したがって，自転車事故の加害者となった場合には，加害者自身のみならずその家族が加入している自動車保険，火災保険等の有無を確認し，個人賠償責任保険が特約として付帯していないかを確認すべきこととなる。

　なお，個人賠償責任保険の場合，示談代行サービスが付いていない場合もあり，その場合には，賠償金額を決めるための示談交渉は，事故の被害者と加害者が直接当事者同士で行うのが原則となる点には注

意が必要である。

## 3　傷害保険

「傷害保険」は，被保険者が，急激・偶然・外来の事故により身体に傷害を受けた場合に支払われる保険である。

定額払いの保険がほとんどであるが，被害者の実損に合わせて詳細に保険金額を定める人身傷害補償保険もある。

人身傷害補償保険は自動車保険の一内容であり，自転車による事故を支払い対象外とするものも少なくない。ただし，近年，約款が頻繁に改訂されているため，対象となる約款をしっかり確認する必要がある。

## 4　TSマーク付帯保険

TSマーク付帯保険は，「点検整備済TSマーク」（第1種・第2種）が貼付された自転車に自動付帯している保険である。

TSマークが貼付された自転車で他人に怪我をさせた場合に支払対象となる賠償責任保険と，TSマークが貼付された自転車搭乗中に怪我をした場合に支払対象となる傷害保険を内容とする。

「TSマーク」とは，有資格者（自転車安全整備店の自転車安全整備士）が自転車を点検整備して，道交法に定める安全な普通自転車として確認した証として貼付されるマークであり，保険の有効期限は，TSマークに記載された点検日から1年とされている。必要な点検・整備を受ければ再度貼付され，有効期限も延長されることとなるが，自転車購入後に定期点検をしている例は少なく，この保険が働く事故は，あまり多くはないのが実態である。

## 5　保険加入の義務化

平成31年，国が設置した「自転車の運行による損害倍層保険制度のあり方等に関する検討会」において，保険加入義務化の議論がなされ，

同2月には,「自転車損害賠償責任保険等への加入促進に関する標準条例（技術的助言)」が提示された。

これにより,各都道府県,政令指定都市の条例において,自転車保険の加入を義務付ける条例の制定が進んでいる。ただし,多くの条例においてはこの違反に対する罰則を定めていない。

また,多くの自動車事故の裁判例と同様,自転車事故の加害者に保険加入がなかった場合であっても,加害者の損害賠償額を算定するうえでそのことが加害者に不利に考慮されることはあまりないと思われる。

## 第4　自転車事故と過失相殺

自転車事故においても,賠償額を決めるにあたって過失相殺が問題となる。

これまで長い間,自転車事故,すなわち,歩行者と自転車との事故,自転車同士の事故については,公表された過失相殺基準がなかったが,平成26年に別冊判タ38号が刊行され,ようやく歩行者と自転車との事故の過失相殺基準が公表されるに至った。

他方で,自転車同士の事故の過失相殺率の基準化は見送られた。

ただし,赤い本2014下53頁以下に,波多野紀夫裁判官による講演録「自転車同士の事故の過失相殺」（波多野講演録）が掲載されており,また,2014年度以降の赤い本下巻には,日弁連交通事故相談センター東京支部過失相殺研究部会による「自転車同士の事故の過失相殺基準（第一次試案)」も公表されている。

自転車同士の事故については,事故当事者双方が対等な立場で同じ法規制に従うということから,基本的には自動車同士の事故の基準を参考にして,自転車の特殊性を考慮しながら過失相殺率を検討していくことになろう（「波多野講演録」でも同様の指摘がある)。

　ただし，自転車事故の場合，そもそも事故態様が，追突なのか進路変更なのか区別の難しい事案も多く，複数の基準を比較しながら，事案を検討していくことが特に必要とされると思われる。

## 第5　自転車事故の刑事責任

### 1　成年

　自転車事故で人を死傷させた場合には，過失致死傷罪が成立する（刑法209条，210条）。また，重過失致死傷罪（同211条1項後段）が成立する場合もある。

　これに対し，業務上過失致死傷罪（同211条1項前段）については，自転車の運転は，社会生活上の地位に基づき反復継続して行う行為ではないことなどから，適用はされないと解されている。

　なお，それ以外に，自転車にも適用のある道交法上の義務違反があった場合には，道交法違反による刑罰が科される場合がある。

### 2　子ども

　子どもが14歳未満の刑事未成年であるときには，刑事責任能力が否定されるため刑事責任が問われることはなく（刑法41条），触法少年として，家庭裁判所による保護処分がなされる場合がある（少年法24条1項）。

　これに対し，14歳以上の場合には刑事責任能力が否定されることはないが，少年法の規定により，基本的には刑事裁判ではなく，家庭裁判所での少年保護事件として，審判不開始（同19条1項），不処分（同23条2項），保護処分（同24条1項）がなされることとなる（死刑，懲役または禁錮に当たる罪については，検察官送致がなされ，刑事裁判がなされることもある（同20条））。

（Ⅴ章／弁護士　岸　郁子）

# 法的手続

# 第1　ADR

## 1　日弁連交通事故相談センター（無料）

　日弁連交通事故相談センターでは，損害賠償の交渉で相手方と話し合いがまとまらない場合において，弁護士が公平・中立的な立場から，示談成立の助けを行う。この示談あっ旋にかかる費用は無料であり，開催場所は全国に点在している。

　弁護士が代理人となっている事案においても活用することが可能であり，この場合には，当事者に求められる，示談あっ旋申し込みに先立つセンターの担当弁護士による面談相談は不要である。

　期日は原則として3回に限られているが，成立率が高く，調停・訴訟等の裁判手続に比して，早期解決を実現することができる。

　但し，示談あっ旋が可能な事案は，自賠責保険又は自賠責共済に加入することを義務付けられている「自動車・二輪車」の事故に限定されている。また，物的損害については，損害賠償者が一定の任意保険会社又は任意共済に加入している場合に限り示談あっ旋の利用が可能であるから，申立てを行う前に，センターに利用の可否を確認する必要がある。

　原則として3回の期日に限られていることから，過失相殺率について大きな争いがある事件や，後遺障害等級が争われている事件は，示談あっ旋になじまない。これらについて争いが無いか，双方の主張が大きく乖離しない事案について，早期解決を可能にする手続である。

## 2　交通事故紛争処理センター（無料）

　交通事故紛争処理センターは，自動車事故（原動機付自転車を含む。）の被害者と加害者又は加害者が契約する保険会社又は共済組合との紛争を解決するため，無料で，和解あっ旋及び審査手続を行っている。

　和解あっ旋が不調であると判断されたときには，これが当事者に通知される。当事者は，あっ旋不調の通知を受けた日から14日以内に限り，審査の申立てを行うことができる。審査においては，法律学者，裁判官経験者及び経験豊富な弁護士らから3人の審査員が選任され構成される審査会が開催され，裁定が為される。裁定が出されると，その内容に保険会社又は共済組合は拘束されることになる。裁定は被害者を拘束しないので，裁定の内容に不服があれば，調停や訴訟等裁判による解決を試みることも可能である。調停・訴訟よりも早期に，かつ無料で解決が図れることから，利用者も多い。

　但し，加害者が任意保険や共済に加入していない場合や，紛争となっている事故が自動車（原動機付自転車を含む。）によるものでない場合には，センターの利用対象とはならない。また，搭乗者傷害保険や人身傷害補償保険など，自己が加入する保険会社との紛争についても，対象にならないことに注意を要する。

## 3　仲裁センター・紛争解決センター（有料）

　各都道府県には単位弁護士会が組織されており，単位弁護士会によって，仲裁センターや紛争解決センター（仲裁センター等）が設けられている。東京，第一東京，第二東京，神奈川，埼玉，大阪，広島，仙台，愛知，福岡，札幌等の弁護士会により，広く設立されている。もっとも，仲裁センター等を設置しない弁護士会もあるので，利用の際には事前の確認を要する。

　仲裁センター等では，「仲裁人」や「調停員」，「あっせん人」と呼ばれる担当弁護士が選任され，双方当事者の言い分を聴取の上，仲裁判断を示すことになる。この仲裁判断は「仲裁合意書」，「和解合意書」と呼ばれ，これに従うか否かについては，当事者の合意が必要である。当事者が合意した場合には，「仲裁合意書」や「和解合意書」は確定判決と同じ効力を持つものとなる（仲裁法38条1項，45条等）。

　手続の利用には費用を要するが，通常，3か月以内に3回の期日を

開き，早期解決を目指すことができる。また弁護士会により運用が異なるが，土日・祝日に期日を開いているセンターもあり，裁判手続よりも柔軟な対応が期待できる。さらに法律要件に拘束されないため，請求内容自体を柔軟に構成することができる。

　以上より，損害額が高額ではなく，柔軟な対応を求めたい事案について，仲裁センター等の利用が有用であるといえよう。

## 第2　民事調停

### 1　交通調停

　民事調停は，訴訟手続によらない裁判所の紛争解決方法の一つである。自動車の運行によって人の生命や身体が害された場合における損害賠償の紛争に関する調停事件を交通調停事件という（民調法33条の2）。よって，「人の生命や身体」が害された事案ではない物損だけの事案や，「自動車の運行」によらない自転車事故等は，一般民事調停事件の対象となる。交通調停と一般民事調停は手続に特に差があるわけではなく，交通損害賠償に詳しい調停委員が配置されるかどうかの違いだけのことである。

　交通調停・民事調停は，相手方の住所，居所，営業所もしくは事務所の所在地を管轄する簡易裁判所又は当事者が合意で定める地方裁判所もしくは簡易裁判所（民調法3条）のほか，損害賠償を請求する者の住所又は居所の所在地を管轄する簡易裁判所に申し立てることを要する（民調法33条の2）。

　調停は，裁判官1名及び調停委員2名以上で組織された調停委員会が行うことになり，調停員は弁護士や紛争解決に有用な知識を有する者等の中から選任される。

　調停手続では，事実の調査の他，民訴法の定める方式により職権で証人尋問，鑑定人尋問，検証，当事者尋問等の証拠調べを行うことが

できる（民調規則12条）とされているが，実際には行われることは乏しい。

## 2 民事調停の有益な点

調停委員会は，証拠資料，当事者からの事情聴取，事実の調査，証拠調べの結果等に鑑み，事実を評価の上，紛争解決に適当な調停案を作成の上，当事者双方に提示し，説得を図ることになる。当事者は決断できないが，適当な和解案だと裁判所が考えるときは，いわゆる「17条決定」（民事調停法17条）を出し，当事者が異議申立てをしなければ確定するという方法をとることもある。

民事調停は，当事者間で，早期に和解したいか，主張のぶつかり合いは避けたい，金額が小さいので訴訟にはしたくない，証拠収集が面倒なので適当な金額での早期の解決を図りたいといった要請に応えてくれる便利な手法であり，また，申立により時効中断効が発生するので，事故から時間が経ったものなどは，とりあえず申し立てることによって時効を中断することを目的とすることもできる。

当事者間に合意が成立し，これを調書に記載した場合には調停成立となり，調停調書の記載事項は裁判上の和解と同一の効力を有することになる（民調法16条）。そして，裁判上の和解における和解調書の記載事項は確定判決と同一の効力を有するため（民訴法267条），当事者は調停調書を債務名義として強制執行をすることができる（民執法22条）。

## 3 不成立

一方，当事者間の主張が乖離し，話し合いによる解決が困難である場合には，前記「17条決定」が出されることも多い。裁判所としては，当事者の一方が意地を張って調停が成立しない時，あるいは，裁判所が一定の結論を出せば従うというケースの時に「17条決定」がよく使われる。「17条決定」に対して当事者の一方から異議が出されれば，

決定は効力を失う。

　また，調停が成立する見込みがないときは，調停が不成立となって事件が終了する（民調法14条）。調停不成立により終了した場合には，その旨が裁判所書記官から当事者に通知され（民調規則25条），申立人が同通知受領後2週間以内に調停申立書記載の請求について訴訟を提起した場合には，調停申立ての時に訴訟を提起したものとみなされる（民調法19条）。この場合には，印紙も流用できるので有益である（民訴費用法5条1項）。調停係属中に消滅時効が完成する事案については，上記の2週間以内の訴訟提起を懈怠することにより債権そのものが消滅することもあるので，特に注意が必要である。

## 第3　訴訟

　当事者間において話し合いによる解決が不可能である場合には，判決による終局的な判断を求め，訴訟によらざるを得ない。

### 1　管轄

　交通事故訴訟においては，土地管轄が，不法行為があった地を管轄する裁判所にも認められている（民訴法5条9項）。よって，普通裁判籍（民訴法4条），義務履行地（民訴法5条）に加えて，事故場所を管轄する裁判所にも，訴えを提起することができる。

　また，相手方を誰にするかによっても管轄が変わってくる。例えば，加害者の住所が東京にあり，車の保有者の住所が名古屋であって，任意保険会社が大阪に所在するときには，被害者は，東京，名古屋，大阪のいずれでも訴訟を提起することができる。訴訟提起の負担や弁護士との打ち合わせ，証人尋問に至る可能性を考慮の上，便宜な裁判所に訴訟を提起することが望ましい。

## 2 訴訟の相手方

　交通事故訴訟においては，自動車を運転していた加害者に対し，損害賠償請求をする他に，自賠法3条に基づき，直接自動車を運転していない運行供用者に対しても，損害賠償請求を行うことが考えられる。

　相手方の支払能力の存否や，立証の難易を考慮して相手方の選択を検討することになるが，原則として，運行供用者及び運転者の双方を被告にすることになろう。

　また，自賠法の適用がない事案については，原則として運転者のみを被告とすることになるが，民法715条により使用者責任が追及できる場合もあるので検討が必要である。

　さらに，被害者は，任意保険会社に対し，保険約款に基づき直接請求ができるが，被保険者に対して損害賠償を命じる判決が確定すれば，保険約款により，任意保険会社は被害者に対する支払義務を生じるので，対人保険会社が保険契約の効力を争っている場合や免責事由があると主張している場合等を除いて，任意保険会社を相手方とする必要はない。

## 3 少額訴訟

　少額訴訟は，簡易裁判所において取り扱われる訴訟手続である。通常訴訟の手続が主張・反論を繰り返し比較的長期間を要する手続であるのに比して，少額訴訟は1回の期日で審理を終えて判決をすることを原則とする，特別な手続である（民訴法368条1項）。1回で終了することから，反訴請求は禁止されている（民訴法369条）。60万円以下の金銭の支払を求める場合に限り利用することができ，原告の主張が認められる場合でも，分割払いや支払猶予，遅延損害金免除の判決が出されることもある。即時解決を目指すことから，証拠書類や証人は，審理の日にその場ですぐに調べることができるものに限定される。また，法廷も通常訴訟とは異なり，裁判官と共にラウンドテーブルに着席し審理を進める形式を基本としている。

　少額訴訟判決や手続内における和解によって作成される判決書又は和解調書は，確定判決と同じ効力を持つ。よって，強制執行を申し立てることも可能である。少額訴訟判決に対する不服申し立ては，異議の申し立てに限られ（民訴法378条１項），これにより少額訴訟は通常訴訟に移行することになる。

　少額訴訟は１回の期日で判決言い渡しまでの準備を完了するため，争いが顕著である場合には，その利用になじまない。例えば，過失相殺や等級認定が問題になってくる場合には，少額訴訟の利用は不適当といえる。また，欠席判決の制度はあるが，公示送達の制度がないため，被告の所在が不明である場合などには利用できず，この場合には，通常訴訟によらざるを得ない。

　以上より，少額訴訟は争いのない事件の早期解決には資すると考えられるが，交通事故における損害賠償請求においては，内容について争いが無いが，支払方法について当事者間ではまとまらず，裁判所の関与を要する，などといったケースに利用が限定されてくるものと考える。

## 4　等級認定，異議申立てとの関係

　後遺障害（後遺症）については，必ずしも統一化された定義はないが，自賠法施行令２条では，「傷害が治ったときに身体に存する傷害をいう」とされている。一般的には，これ以上治療を継続しても症状の改善が見込めない状態になった場合において，残存する障害を後遺障害ないし後遺症と呼称している。

　このような状態を「症状固定」と呼び，自賠法では，「症状固定」後の症状を「後遺障害別等級表」に当てはめ，損害保険料率算出機構あるいはその下部組織の調査事務所が等級認定を行う。等級認定がされた場合には，原則として，認定された等級に従った慰謝料が算定され，また労働能力喪失率によって後遺症逸失利益が算定されることになる。

　事前認定や自賠責保険に対する直接請求により既になされた等級認定について，被害者が不満を持っている場合には，事前認定の場合には相手方保険会社に対し，直接請求の場合には加害者加入の自賠責保険の保険会社に対し，異議の申し立てを行うことになる。また，自賠責保険・共済紛争処理機構に対しても，調停を申し立てることができる。各手続の選択方法については，以下の点に留意を要する。

## （1）相手方保険会社又は加害者加入の自動車損害賠償責任保険の保険会社に対する異議の申立て

　これらの異議申立ては，いずれも損害保険料率算出機構（もしくはその機関である調査事務所）に書類が送られ，審査が行われることになる。異議申立ては，繰り返し何度も行うことができる。しかし，異議申立てに時効の完成猶予（民法147条1項）の効力はないことから，申立内容につき審議中であったとしても，症状固定後3年間が経過することにより，時効が完成し，自賠法16条1項及び17条1項に基づく請求権は消滅してしまう。そのため，異議申立てを行う際には時効管理は必須であり，完成の恐れがある場合には，別途，時効の更新に係る書面の作成が必要である。

【書式】

時効更新申請書

令和●年●月●日

●●●損保会社　御中

（申請者）住所 _____

氏名 _____

　下記自動車事故に係る自動車損害賠償責任保険金の請求に関し，下記理由により請求が遅延していますので，時効更新を申請いたします。

記

1　自賠責証明書番号　　第_____号

2　保険契約者名　　　_____

3　被害者名　　　　　_____

4　事故日　　　　　　_____年_____月_____日

5　契約更新申請理由（該当するものに○印を付ける。）

　　1　治療中　　　　2　請求資料取付中　　　3　示談交渉中

　　4　訴訟中　　　　5　その他（　　　　　　　　　　）

6　初回損害賠償日（加害者申請の場合のみ記入）_____年_____月_____日

　また，前述したとおり，異議申立ては何度も行うことができるが，損害保険料率算出機構の同じ部署で審査されるため，新規の資料が補充されない限り，認定結果の変更を促すことは困難である。申立てには，新たな医学的証拠（医師の意見書，医療照会に対する回答書，診断書等）の添付が不可欠である。

## (2) 紛争処理機構に対する調停申立て

　紛争処理機構に対する申立てについては，専門的な知見を有する公正中立な医師や弁護士，学者等で構成される紛争処理委員会が審査を行い，調停結果を示す。かかる調停結果は，自賠責普通保険約款・自賠責共済規定等に基づき，保険会社又は共済組合を拘束する。審査においては，原則として，損害保険料率算出機構の判断において用いられた資料をもとに審議が為されること（異議申立て時に提出された資料を含む。），紛争処理機構への異議申立ては1回のみであることから，異議申立てを先行して利用されることをお勧めする。

## (3) 訴訟手続について

　これらの手続によっても，後遺障害等級について非該当と判断されたり，被害者が考えているよりも低位の等級しか認定されなかった場合には，従前の認定を上回る等級での認定を求めての訴訟提起を要する。

　このような後遺障害等級認定につき，自賠責保険が非該当と判断したものでも，裁判所はかかる判断に拘束されることなく，独自に等級を認定することができる。

（Ⅵ章／弁護士　川原奈緒子）

# 刑事・行政処分

# 第1　刑事処分

　交通事故に関連する犯罪としては，過失運転致死傷（7年以下の懲役若しくは禁錮又は100万円以下の罰金。自動車運転処罰法5条），危険運転致死傷（傷害は15年以下の懲役，致死は1年以上の有期懲役。同法2条），道交法違反等がある。

## 1　被疑者の逮捕・勾留

　交通事故に関連する刑事事件では，過失犯という性質を有すること，執行猶予判決が見込まれること，運転免許証により所在が確認できることなどから，在宅で捜査が進められることが多い。

　ただし，法定刑が重い危険運転致死事件，悪質な酒酔い・ひき逃げ事件，結果が重大な事件などでは，逮捕・勾留されることが多い。

## 2　処分の傾向

　平成30年の交通事故に関連する犯罪に対する処分は次のとおりとなっている（令和元年版犯罪白書（第4編第1章第2節1，2））。

　過失運転致死傷事件では，大半が不起訴となり，起訴された事件もほとんどが執行猶予判決となっている（検察送致事件の85.8％が不起訴，懲役又は禁固が科刑された事件のうち，傷害事件の98.5％，致死事件の94.4％が執行猶予判決）。

　一方，危険運転致死傷では，大半が起訴されている。そして，傷害事件ではほとんどが執行猶予判決となっているが，致死事件ではほとんどが実刑判決となっている（検察送致事件の71.4％が起訴，懲役又は禁固が科刑された事件のうち，傷害事件の90.7％が執行猶予判決，致死事件の全件が実刑判決）。

　道交法違反事件では，過半数が起訴されているが，これは本来不起訴とされるような軽微な交通違反については後述の交通反則通告制度

によって処理されるためである。そして，起訴された事件は，ほとんどが略式起訴によるものである（検察送致事件の41.2％が不起訴，起訴された事件の94.8％が略式起訴）。

# 第2　行政処分

## 1　免許取消・停止・仮停止処分

### (1) 処分内容

　交通事故を起こした者が，交通違反をしていた場合には，刑事処分のみならず，行政処分も受けることになる。

　交通違反に対する行政処分の主たるものとしては，免許の取消処分，停止処分及び仮停止処分がある。

　免許取消処分は将来にわたり免許の効力を失わせる処分であり，免許停止処分は6か月を超えない範囲で一時的に免許の効力を停止する処分である。免許仮停止処分は，悪質で重大な死傷事故を起こした者の免許の効力を速やかに停止する処分である。

　免許取消処分がなされるときは，免許の欠格期間（1～5年間）が指定される（道交法103条7項）。

　なお，免許停止処分を受けた者は，処分者講習を受けることにより，その停止期間を短縮することができる（同条10項）。

### (2) 処分手続

　免許取消処分又は90日以上の免許停止処分をする際は，地方公安委員会により意見の聴取又は聴聞が行われる（道交法104条，104条の2）。

　これらの手続では，意見の陳述，証拠の提出，出頭した関係者，専門家などの参考人の意見聴取をすることができる。事故状況に争いがあるような場合，後に予想される刑事事件で無罪を争うようなときは，

弁護士が聴聞に同行して意見を述べることを勧める。弁護士が出頭して当事者の主張を述べることが重要であり，書面でまとめておいて提出するのがよい。

　一方，重大な交通違反に対してなされる免許仮停止処分は，事前に意見の聴取等の手続を経ることなく，処分が行われる。

　ただし，処分をした後，5日以内に弁明の機会が付与される（同法103条の2第2項）。

　免許取消処分等がなされたときは，処分通知書が送付される（同法103条9項，103条の2第4項）。

### (3) 処分基準

　免許取消処分又は免許停止処分の処分基準としては，病気等の欠格事由に該当するとき（道交法103条1項1号から3号），酒酔い運転等の重大な交通違反・交通事故を起こしたとき（同条2項各号），道交法に違反したとき等（同条1項5号から8号）がある。

　道交法に違反したとき等の処分基準を具体化したものが，後述する「点数制度」である。

### (4) 不服申立

　免許取消処分や免許停止処分は，行政処分であるから，不服審査請求及び取消訴訟により，その効力を争うことができる。

　不服審査請求は，処分があったことを知った日から3か月以内又は処分の日から1年以内に都道府県公安委員会に対し，請求する（行審法18条1項，2項）。

　取消訴訟は，処分があった日から6か月以内又は処分の日から1年以内に，裁判所に対し訴訟提起する（行訴法14条1項，2項）。

　処分理由となった交通事故に関する事実につき，刑事裁判で無罪となった場合においても，当該処分の効力を失わせるためには，行政庁が処分の撤回をしない限り，不服審査請求や取消訴訟を提起する必要

がある。

## 2　点数制度

　点数制度とは，交通違反や交通事故に一定の点数を付け，過去3年以内の累積点数等に応じて免許取消処分等を行う制度である。

　交通違反に対する基礎点数，交通違反によって交通事故を起こしたことに対する付加点数及びひき逃げ等の救護義務違反を犯したことに対する付加点数がそれぞれ付加される（道交法施行令別表第二）。

　過去3年以内の累積点数及び免許停止処分を受けた回数に応じて，処分が決まる。

　ただし，1年間無違反だったとき，又は，2年間無違反の者が2点以下の軽微な違反をした場合でその後3か月間無違反のときは，それ以前の違反点数は0点になる（道交法施行令33条の2第3項4号，6号）。

　なお，違反があったとして警察が行う点数付加行為について不満がある場合でも，これによる反則点の累積自体は運転免許の効力等に影響を及ぼすものではなく，それを要件とする免許停止等の処分がされて初めて免許者の権利義務に具体的な影響が生じることから，処分性を欠くことを理由として，取消訴訟又は不服審査請求で争うことはできないとされている（福岡高判平成18年4月27日判タ1223号141頁）。したがって，付加された点数に対し異議がある場合には，当該点数を前提としてなされた免許取消処分に対する不服申立手続において争うことになる。

## 3　交通反則通告制度

　交通反則通告制度とは，道交法違反のうち軽微なものにつき，違反者が反則金を納付すれば刑事訴追を行わないという一種の行政手続のことをいい，裁判手続以前の警察行政段階で簡易迅速な処分を行うことを可能にする制度である。令和元年の道交法違反事件の96.2％がこ

の制度で処理されている（令和2年版交通安全白書第1編第1部第2章第5節）。

　酒酔い運転者及び交通事故を起こした者等重大な道交法違反をした者は交通反則通告制度の対象外である（道交法125条2項）。

　警察官が交通違反を現認した場合には，その場で反則者に対し，反則行為の事実，反則行為の種別，反則金額等を記入した交通反則告知書（いわゆる「青切符」）を交付する。この日から7日以内に，反則金を納付したときは（これを「仮納付」という。），公訴の提起又は家庭裁判所の少年審判は行われない（同法129条3項，128条2項）。

　なお，警察官に対して違反事実を争った場合，交通反則告知を受けないこともある。しかし，交通反則告知を受けなかった場合でも，違反点数を付加される場合がある。前記2のとおり，この点数付加行為自体は取消訴訟又は不服審査請求で争うことはできない。

　反則金の金額は，最小3000円から最大4万円である。

　また，この期間に反則金の納付をしなかった場合には，後日，反則金納付通告書が送付される。この日から10日以内に，反則金を納付したときも，公訴の提起等は行われない（同法128条2項）。

　さらに，少年事件においては，反則金が納付されずに家庭裁判所の審判が開始した場合においても，再度，家庭裁判所は反則金の納付を命じることができる（同法130条の2第1項）。

　なお，反則金納付通告は，納付の義務を課すものではなく，違反行為の有無は刑事裁判手続で判断されるべきであること等を理由として，取消訴訟で争うことはできないとされている（最判昭和57年7月15日判時1053号82頁）。

　したがって，反則金納付通告の内容に不服がある場合には，刑事裁判手続において争うことになる。

（Ⅶ章／弁護士　室賀祥護）

# 用 語 索 引

# 著 者 紹 介

＜編著＞

**羽 成 守**（はなり・まもる）
　ひびき綜合法律事務所
　東京弁護士会所属


＜共著＞（五十音順）

**五十嵐 佳 子**（いがらし・よしこ）
　大井・佐野法律事務所
　東京弁護士会所属

**稲 葉 直 樹**（いなば・なおき）
　AIN法律事務所
　東京弁護士会所属

**垣 内 惠 子**（かきうち・けいこ）
　涼和綜合法律事務所
　東京弁護士会所属

**川 原 奈緒子**（かわはら・なおこ）
　東京グリーン法律事務所
　東京弁護士会所属

**岸 郁 子**（きし・いくこ）
　四谷番町法律事務所
　第二東京弁護士会所属

**島 田 浩 樹**（しまだ・ひろき）
　設楽・阪本法律事務所
　第一東京弁護士会所属

**津 江 健太郎**（つのえ・けんたろう）
　ひびき綜合法律事務所
　東京弁護士会所属

**林 恵 子**（はやし・けいこ）
　弁護士法人一番町綜合法律事務所
　第一東京弁護士会所属

**室 賀 祥 護**（むろが・しょうご）
　東京グリーン法律事務所
　東京弁護士会所属

**芳 仲 美惠子**（よしなか・みえこ）
　畑・芳仲法律事務所
　第一東京弁護士会所属

【編著者略歴】

羽 成 守 （はなり まもる）

昭和22年12月9日生，中央大学第1法学部法律学科，昭和49年3月司法研修所卒業
(28期)，東京弁護士会登録

(弁護士会登録後の主な経歴)
　平成4年〜　　東京簡易裁判所民事調停委員
　同11年　　　日本弁護士連合会常務理事
　同13年　　　㈶交通事故相談センター東京支部長
　同13年　　　東京三弁護士会交通事故処理委員会委員長
　同22〜28年　損害保険料率算出機構有無責審査員
　同27〜29年　（公財）日本調停協会連合会理事長

(主な著書・論文)
「注釈自動車損害賠償保障法」「注釈交通損害賠償算定基準」
「定期金賠償の支払」「むち打ち症の補償と治療予測期間」
「新型・非典型後遺障害の評価」「Q＆A交通事故診療ハンドブック」「脳脊髄液減
少症の法的検討」「逸失利益における男女間格差」

「交通事故」実務入門

2021年3月　第1刷発行
2024年5月　第2刷発行

編　者　　羽　成　　守

発行人　　松　本　英　司

発行所　　一般財団法人　司　法　協　会

〒104-0045　東京都中央区築地1-4-5
第37興和ビル7階
出版事業部
電話　(03)5148-6529
FAX　(03)5148-6531
http://www.jaj.or.jp

落丁・乱丁はお取り替えいたします。　　印刷製本／大日本法令印刷(167)
ISBN978-4-906929-88-7　　C3032　　￥2200E　　Printed in Japan